データサイエンス大系

データ構造とアルゴリズム

共著／川井明・梅津高朗・高柳昌芳・市川治

学術図書出版社

本書のサポートサイト

https://www.gakujutsu.co.jp/text/isbn978-4-7806-0703-1/

本書のサポート情報や正誤情報を掲載します．

- ■ 本書に登場するソフトウェアのバージョンや URL などの情報は変更されている可能性があります．あらかじめご了承ください．
- ■ 本書に記載されている会社名および製品名は各社の商標または登録商標です．

本シリーズの刊行にあたって

　大量かつ多様なデータが溢れるビッグデータの時代となり，データを処理し分析するためのデータサイエンスの重要性が注目されている．文部科学省も 2016 年に「数理及びデータサイエンス教育の強化に関する懇談会」を設置し，私自身もメンバーとして懇談会に加わって大学における数理及びデータサイエンス教育について議論した．懇談会の議論の結果は 2016 年 12 月の報告書「大学の数理・データサイエンス教育強化方策について」にまとめられたが，その報告書ではデータサイエンスの重要性について以下のように述べている．

　今後，世界ではますますデータを利活用した新産業創出や企業の経営力・競争力強化がなされることが予想され，データの有する価値を見極めて効果的に活用することが企業の可能性を広げる一方で，重要なデータを見逃した結果として企業存続に関わる問題となる可能性もある．

　例えば，データから新たな顧客ニーズを読み取って商品を開発することや，データを踏まえて効率的な資源配分や経営判断をするなど，データと現実のビジネスをつなげられる人材をマスとして育成し，社会に輩出することが，我が国の国際競争力の強化・活性化という観点からも重要である．

　そして大学教育において，以下のような数理・データサイエンス教育方針をあげている．

- 文系理系を問わず，全学的な数理・データサイエンス教育を実施
- 医療，金融，法律などの様々な学問分野へ応用展開し，社会的課題解決や新たな価値創出を実現
- 実践的な教育内容・方法の採用
- 企業から提供された実データなどのケース教材の活用

- グループワークを取り入れた PBL や実務家による講義などの実践的な教育方法の採用
- 標準カリキュラム・教材の作成を実施し，全国の大学へ展開・普及

　ここであげられたような方針を実現するためには，文系理系を問わずすべての大学生がデータサイエンスのリテラシーを向上し，データサイエンスの手法をさまざまな分野で活用できるために役立つ教科書が求められている．このたび学術図書出版社より刊行される運びとなった「データサイエンス大系」シリーズは，まさにそのような需要にこたえるための教科書シリーズとして企画されたものである．

　本シリーズが全国の大学生に読まれることを期待する．

監修　竹村 彰通

まえがき

　おそらく，この本の読者は学業として，あるいは仕事として，これからプログラムを本格的に書いていこうとする，やや初心者のレベルであると思う．そういう人たちは，自分の頭の中にある「コンピュータにやらせたい仕事」を，いざプログラムとして書こうとすると，なんともいえないもどかしい気持ちになることが多いのではないだろうか．

　実は私もそうだった．それは私が初めてコンピュータのプログラムを書こうとした高校3年生の夏のことであった．当時ゲームセンターではブロック崩しというゲームが流行っていて，それを見て「これと同じものをプログラムする」と決意したのである．それまでのプログラミング経験はほぼゼロであったので，これはまったく無謀な挑戦であった．

　このゲームの仕組みを説明すると，プレイヤーは一番下のパドルを左右に移動させ，上から飛んでくるボールを跳ね返す．跳ね返したボールが，上部のブロックにぶつかると，そのブロックは消え，ボールは反射してまた落ちてくる．

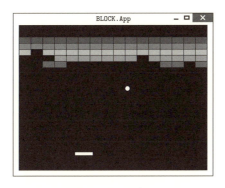

図　ブロック崩し

また，ボールは壁にぶつかると反射する，というものである．

現代のゲームと比較すれば，はるかに単純なものであるが，初心者がこれをプログラムとして書こうとすると，いろいろな疑問でいっぱいになってしまう．たとえば，

1. 左から7列目の上から3番目のブロックの存在をチェックできるようにするには，どういう変数を用いてブロックを表現すればよいのか？
2. ボールもパドルも同時に動き続けるが，「動き続ける」プログラムとはどう表現すればよいのか？

といったものである．

当時の私は，一生懸命にマニュアルをめくったあげく，「配列」というものがあることを知った．そう，疑問1については，配列というデータ構造を使えば，$B(7, 3)$のような形式で，好きな行番号・列番号の変数を持つことができるのである．そして，疑問2については，ループという処理があることがわかった．キー入力をチェックしてパドルを動かす，ボールを進行方向に進める，反射判定をする，ブロックを消す，といった一連の処理をゲームが終了になるまでぐるぐると回し続ければよいのである．ループを終了する条件は，ボールがパドルの位置よりも下方に移動したかどうか，となる．

このように人間がブロック崩しのゲームを見て感じたものと，それをプログラムとして表現したものとの間には，なんともいえない距離がある．それほどまでにコンピュータと人間は違う．でも，基本的なパターンを覚えてしまえば，その違いは乗り越えられるだろう．そう期待して，本書は書かれた．たとえば，当時の自分に「データ構造」と「アルゴリズム」の基本的な知識を与えたうえで，ブロック崩しのプログラミングに挑戦させたら，作業はずっと楽であったろう．

本書では，まず第1章にて，基本的な例題を用いてアルゴリズムを体験する．アルゴリズムの意味と重要性を理解するのが目的である．第2章では，アルゴリズムとは何かについての整理を行う．第3章以降は，アルゴリズムとデータ構造の各論に入っていく．

データ構造とはデータの持ち方のことであるが，ここで紹介するように多くの種類の構造が提案されている．どの構造を適用するかという選択は，すでに

アルゴリズム設計の一部であるということができる．

　データサイエンスの実践においては，大量のデータを効率よく処理することが求められる．各章末に練習問題を付したので，これらの知識をデータサイエンスのための武器として身につけてほしい．

　なお，演習問題の略解はインターネット上のサポートページ

　　http://www.gakujutsu.co.jp/text/isbn978-4-7806-0703-1/

に載せる．訂正・変更箇所もサポートページに掲載するので参照されたい．

　最後に，本書の作成にあたって，学術図書出版社の貝沼稔夫氏には大変お世話になった．ここに感謝の意を表する．

2018 年 9 月

　　　　　　　　　　　　　　　　　　　　　　　　　著者を代表して
　　　　　　　　　　　　　　　　　　　　　　　　　市川 治

目　次

第 1 章　はじめに　　1
  1.1　アルゴリズムの第一歩 1
  1.2　ソートで体験する本格的なアルゴリズムの世界 9

第 2 章　アルゴリズムとは何か　　22
  2.1　人間の頭の中にある処理の手順との違い 22
  2.2　アルゴリズムとは 24
  2.3　構造化 25
  2.4　段階的詳細化 29
  2.5　フローチャート 31
  2.6　計算量 33
  章末問題 45

第 3 章　データ構造：配列とリスト　　47
  3.1　処理対象のデータを観察しよう 47
  3.2　配列 49
  3.3　リンクリスト 52
  3.4　文字列 60
  章末問題 70

第 4 章　データ構造：スタックとキュー　　71
  4.1　処理対象のデータを観察しよう 71
  4.2　スタック 75
  4.3　キュー 82

章末問題 89

第5章　データ構造：木　90
　5.1　処理対象のデータを観察しよう 90
　5.2　木 92
　5.3　二分木 94
　5.4　数式と木 98
　　章末問題 103

第6章　探索　104
　6.1　探索の概念 104
　6.2　線形探索 105
　6.3　二分探索 107
　6.4　二分探索木 111
　　章末問題 124

第7章　ソート　125
　7.1　バブルソート 125
　7.2　分割統治法 129
　7.3　クイックソート 130
　　章末問題 134

第8章　ハッシュテーブル　135
　8.1　ハッシュ法 136
　8.2　ハッシュ値の衝突問題の回避 138
　8.3　ハッシュ表の拡張 147
　8.4　ハッシュ表からのデータの削除 148
　8.5　ハッシュテーブル，連想配列，辞書 150
　　章末問題 153

第9章　グラフ　155
　9.1　具体的なグラフの使用例 155

9.2	グラフの表記と用語...............................	158
9.3	グラフを表現するデータ構造，隣接行列と隣接リスト.......	161
9.4	深さ優先探索と幅優先探索..........................	164
9.5	Pythonによるグラフ処理実装の例	166
章末問題...		173

索引   **175**

第 1 章

はじめに

　本書では，プログラミングにおいて知っておくべき重要な概念である「アルゴリズム」と「データ構造」について学ぶ．その下準備として，(1) いくつかの基礎的かつ典型的なプログラム例を概観し，(2) データの並べ替えを効率が大きく異なる 3 種類の方法で体験することで，適切なアルゴリズムを設計・選択することの重要性を理解する．

　本書で紹介するアルゴリズムは，Python 言語で実装したプログラムをもって説明する[1]．プログラム中で，スペース (空白) を明記する場合は「␣」の記号を用いる．なお，Python 言語に関しては，市販の入門書やウェブサイトを参考にしてほしい．

1.1　アルゴリズムの第一歩

　「アルゴリズム」は本書で学ぶ重要な概念である．その正確な定義は後に第 2 章で学習するが，おおまかにいえば「実現したい処理をどのようにしてプログラムとして記述するか」である．この章では，アルゴリズムの本格的な学習に入る準備として，実際によく使われる基礎的かつ典型的な処理を行うプログラムを動かすことで，アルゴリズムの勘所を体験しよう．

　プログラミングを学習したことがある人は，2 つの変数の値を入れ替えるソースコード 1.1 のようなプログラムを実行した記憶があるだろう．

　変数 work に a の値を退避させてから，b の値を a に代入し，最後に work に退避させておいた a の値を b に代入すれば完了する．変数 a, b に加え，値の一時

---

[1] Python プログラムの可読性を向上させるために，PEP8 というコーディング規約が推奨されている．必須ではないため，学習負担を減らす観点において本書では解説しない．

ソースコード 1.1　2つの変数 a と b の値を入れ替えるプログラム

```
1  a = 3; b = 5
2  work = a   # work に a の値を退避
3  a = b      # a に b の値を代入
4  b = work   # b に，work に退避しておいた a の値を代入
```

的な退避に使う変数 work を新たに使うところがポイントとなる．プログラムを読むことに慣れていない人は，一つひとつの操作で変数の値がどのように変化するのかを表 1.1 のようにまとめると，プログラムの流れを把握しやすくなる．

表 1.1　ソースコード 1.1 のプログラムを実行した際の各変数の値の変化

	a	b	work
行1終了時	3	5	—
行2終了時	3	5	3
行3終了時	5	5	3
行4終了時	5	3	3

　変数の値を入れ替える操作をスワップ (swap) と呼ぶ．このたった3行のプログラム (ソースコード 1.1 の 2〜4 行) は立派にスワップアルゴリズムを表している．ある程度プログラミングに慣れた人であれば，変数の値の入れ替えは退避用の変数を使うスワップアルゴリズムを使えばよいという「定石」を知っており，簡単にこのようなプログラムを書くことができる．それに対し，プログラミングを勉強し始めたばかりの初心者は「定石」を知らないために，「変数の中身を入れ替えよ」という課題に対して四苦八苦することになる．このような「定石」を一つひとつ学習して身につけていくことは，プログラミングのスキルを向上させる上で必要不可欠なものである．

　次は，複数の数値データを保持する配列 (array) から最大値を得るアルゴリズムを考えよう．100点満点のテストの成績が配列 dat に保存されており，値は 0 から 100 の範囲をとりうるとする．この場合のアルゴリズムはソースコード 1.2 のようになる．

　この for 文では，配列 dat の添字となる変数 i を 0, 1, 2, ..., len(dat) $-$ 1 まで繰り返す (この例では配列長である len(dat) は 7 なので $i = 0, 1, 2, 3, 4, 5, 6$

1.1 アルゴリズムの第一歩

ソースコード **1.2** 0〜100 の数値が保存されている配列 dat の最大値を求める

```python
dat = [70, 50, 45, 75, 90, 85, 60]
max = -1
for i in range(len(dat)):   # len(dat) は配列 dat の長さ
    if dat[i] > max :
        max = dat[i]
print(max) # 最大値 90 が出力される
```

の 7 回繰り返す．Python の配列の添字は 0 から始まることに注意) ことで dat のすべての要素をチェックしている．そして，max と dat[i] を比較して，max の方が小さかったら dat[i] を max に代入する．このアルゴリズムのポイントは，max に初期値として −1 を代入している点である (ここで代入する値は −2 でも −100 でもどのような負の整数でもよい)．もし max の初期値として 100 を代入した場合は，dat[i] と max の比較で常に dat[i] > max は成立しなくなり，if 文の中身は 1 回も実行されず，最大値を得ることはできない．表 1.2 に各変数が for ループの際にどのように変化しているのかを示す．この表から，max の値はそれまでの dat[i] での最大値であることがわかる．

表 **1.2** ソースコード 1.2 を実行した際の各変数の変化

	i	dat[i]	max
for ループ前	−	−	−1
ループ 1 終了時	0	70	70
ループ 2 終了時	1	50	70
ループ 3 終了時	2	45	70
ループ 4 終了時	3	75	75
ループ 5 終了時	4	90	90
ループ 6 終了時	5	85	90
ループ 7 終了時	6	60	90

例題 1.1 ソースコード 1.2 のプログラムにおいて，max の初期値として 100 を代入した場合に，表 1.2 のような各変数の値を追跡した表を作成せよ．

解答 表 1.2 の max の列がすべて 100 である表になる．

例題 1.2 最大値を得るソースコード 1.2 のプログラムを参考にして，同じ配列 dat から最小値を得るプログラムを作成せよ．

解答

```
1  dat = [70, 50, 45, 75, 90, 85, 60]
2  min = 101   # dat がとりうる値の最大値 100 より大きい整数
3  for i in range(len(dat)):
4      if dat[i] < min :
5          min = dat[i]
6  print(min)   # 最小値 45 が出力される
```

では次は，プログラムを読むことで何を計算しているのかを理解することを試みよう．何をしているのか不明なプログラムを読んで，どのような処理をしているのかを理解する必要に迫られることはよくあることである．まずソースコード 1.3 を読んでほしい．なお，dat はこれまでと同様に 0〜100 の数値の配列だとする．

プログラムを丁寧に追わなくとも，変数名を見ることで何を計算しているのかは予想がつくだろう．実際に変数 total は dat の合計を，変数 ave は dat の平均 (*average*) を計算している．このように，各変数が何を処理しているのかがわかるように変数名を付けると，それがヒントとなり第三者が (そして時間が経つことでどのようなプログラムを書いたのか忘れてしまう将来の自分にとっても) 読みやすいプログラムを作ることができる．逆に，たとえば変数名を出現した順に機械的に $a, b, c, \ldots$ と付けてしまうと，変数名がヒントにならないので，プログラムを把握することが 1 段階難しくなる．

ソースコード 1.3 このプログラムは何を計算している？

```
1  dat = [70, 50, 45, 75, 90, 85, 60]
2  N = len(dat)
3  total = 0
4  for i in range(N):
5      total += dat[i]
6  ave = total / N
```

ではソースコード 1.3 のプログラムを丁寧に読んでみよう．1 行目はこれまでと同じく dat に数値の配列を代入している．2 行目では dat のデータ数である配列長 len(dat) を変数 N に代入している．3 行目では，total に 0 を代入している．4〜5 行目の for ループでは，dat の各要素の値を total に足しこんでいる．6 行目では total を N で割った結果を ave に代入している．各変数の値の変化を追跡したものを表 1.3 に示す．

変数 total に dat[i] が一つひとつ足しこまれていくことがわかる．そして，for ループの前に total に 0 を代入しておくことの必要性もわかるだろう．合計を計算する変数に初期値 0 を代入する操作「ゼロクリア」は，プログラミングの重要なアルゴリズムの 1 つである．そして最後に，合計値をデータ数 N で割ることで平均 ave を計算している．

表 1.3 ソースコード 1.3 のプログラムを実行した際の各変数の変化

	i	dat[i]	total	N	ave
for ループ前	–	–	0	7	–
ループ 1 終了時	0	70	70	7	–
ループ 2 終了時	1	50	120	7	–
ループ 3 終了時	2	45	165	7	–
ループ 4 終了時	3	75	240	7	–
ループ 5 終了時	4	90	330	7	–
ループ 6 終了時	5	85	415	7	–
ループ 7 終了時	6	60	475	7	–
ave の計算	6	60	475	7	67.857

数学的な表記とアルゴリズムの関係を理解しておくことも重要である．本書ではあまり複雑な数式には立ち入らないが，簡単な例を紹介しておこう．数式において N 個のデータ x_i ($i = 0, 1, ..., N-1$) の合計と平均はシグマ記号 (Σ) によって以下のように記述される．

$$\text{合計:} \quad x_0 + x_1 + \cdots + x_{N-1} = \sum_{i=0}^{N-1} x_i$$

$$\text{平均:} \quad \bar{x} = \frac{x_0 + x_1 + \cdots + x_{N-1}}{N} = \frac{1}{N} \sum_{i=0}^{N-1} x_i$$

本章では，x_i の平均を $\bar{x}$ と表記する．これら数式はソースコード 1.3 に示した

ゼロクリアを使ったアルゴリズムによってプログラムに変換できる.

> **例題 1.3** $\displaystyle\sum_{i=0}^{5} x_i^2$ を計算するプログラムを書け.
>
> ただし,$x_i\,(i=0,1,2,3,4,5)$ は xarray $= [3,5,2,2,6,1]$ として与えられているものとする.
>
> **解答**
>
> ```
> 1  xarray = [3, 5, 2, 2, 6, 1]
> 2  total = 0
> 3  for i in range(6):
> 4      total += xarray[i] * xarray[i]
> 5  # total には 3*3+5*5+2*2+2*2+6*6+1*1
> 6  #           = 9+25+4+4+36+1 = 79 が代入される
> ```

次は,同じ計算結果を与えるプログラムであっても,異なるアルゴリズムを使うと計算速度が違う場合があることを体験しよう.ここでは統計学で頻出する分散 (*variance*) を計算する.データ $x_i\,(i=0,1,...,N-1)$ の分散 σ^2 は数式

$$\sigma^2 = \frac{1}{N}\sum_{i=0}^{N-1}(x_i - \bar{x})^2$$

によって計算される.この式をプログラムに変換する際には,まず平均 $\bar{x}$ を計算する必要がある.その後,このシグマ記号の数式を計算すればよい.その結果,ソースコード 1.4 のプログラムになる.

読者は 5〜12 行目だけを理解すればよい.他の部分では,配列 xarray に 300 万個の数値を乱数によって生成して,分散を計算する部分の実行に何秒かかったのかを測定している.これほど多数のデータを生成しているのは,後で示すプログラムとの実行時間の差をはっきりと見せるためである (データ数が 10 個や 100 個程度では一瞬で実行が終わってしまい,差がはっきりと見えない).5〜8 行目では,total をゼロクリアした上で xarray の合計を計算して,平均値 ave を計算している.そして 9〜12 行目では,算出した ave を使ってシグマ記号の数式を計算することで分散を得ている.実行するコンピュータの性能によって表

ソースコード 1.4　N 個の乱数に対して分散を計算するプログラム 1

```
1  import numpy.random, time
2  N = 3000000  # データ数 N は 300万
3  xarray = list(numpy.random.rand(N))  # 配列に乱数を N 個生成，配
       列に変換
4  start = time.perf_counter()  # 開始時間を記録
5  total = 0  # ゼロクリア
6  for i in range(N):
7      total += xarray[i]
8  ave = total/N  # 平均を計算
9  total2 = 0  # ゼロクリア
10 for i in range(N):
11     total2 += (xarray[i]-ave)*(xarray[i]-ave)
12 var = total2/N  # 分散を計算
13 print(time.perf_counter()-start)  # 計算時間（秒）を表示
```

示される秒数は変わるが，著者のコンピュータでは約 2.2 秒だった．

ではこの分散の計算に一工夫をしてみよう．統計学などの教科書に載っている有名な式変形により，分散は以下のように計算することも可能である．

$$\sigma^2 = \frac{1}{N} \sum_{i=0}^{N-1} (x_i - \bar{x})^2 = \frac{1}{N} \sum_{i=0}^{N-1} x_i^2 - (\bar{x})^2$$

右辺第 1 項を計算するためには，for ループ中で $x_i \times x_i$ の合計を，そして第 2 項の平均値を計算するには，for ループ中で x_i の合計を計算すればよい．これらの和の計算は 1 つの for ループ内で同時に実行できるため，ソースコード 1.5 のようなプログラムを書くことができる．

読者は 5〜11 行目だけを理解すればよい．残りの部分はソースコード 1.4 とまったく同じである．このプログラムを実行して表示された秒数は，約 1.7 秒であった．これは，先ほどのプログラム実行の秒数 2.2 秒よりも 0.5 秒速い．この高速化は，以下の 2 つの要素により説明できる．

1. ソースコード 1.4 では for ループを 2 回実行しているのに対し，ソースコード 1.5 では for ループの実行を 1 回だけに集約している．そのため，繰り返し制御のための処理時間を節約できている．
2. ソースコード 1.4 では各 for ループ内での計算量は，平均計算での足し算

ソースコード 1.5　N 個の乱数に対して分散を計算するプログラム 2

```python
import numpy.random, time
N = 3000000   # データ数 N は 300万
xarray = list(numpy.random.rand(N))   # 乱数を N 個生成,配列に
    変換
start = time.perf_counter()   # 開始時間を記録
total = 0   # ゼロクリア
total2 = 0   # ゼロクリア
for i in range(N):
    total += xarray[i]   # xi の合計を計算
    total2 += xarray[i]*xarray[i]   # xi*xi の合計を計算
ave = total/N   # 平均を計算
var = total2/N - ave*ave   # 分散を計算
print(time.perf_counter()-start)   # 計算時間 (秒) を表示
```

×1，分散計算での引き算 ×2，掛け算 ×1，足し算 ×1．それに対しソースコード 1.5 では，x_i の合計で足し算 ×1，$x_i \times x_i$ の合計で掛け算 ×1，足し算 ×1．よって，ソースコード 1.4 では各 for ループ内で余分に引き算 ×2 を実行しており，ループの反復数 300 万を掛けると，引き算を 600 万回多く実行している．

例題 1.4　以下の引き算を 2 回計算する for ループを 300 万回反復するプログラムを実行し，それがソースコード 1.4 とソースコード 1.5 の実行時間の差と同程度であることを確認せよ．

```python
import time
N = 3000000   # 反復回数 300万回
start = time.perf_counter()   # 開始時間を記録
a = 0
for i in range(N):
    a -= 3; a -= 3   # ループ内で引き算を2回実行
print(time.perf_counter()-start)   # 計算時間 (秒) を表示
```

筆者のコンピュータでは約 0.4 秒となり，ソースコード 1.4 と 1.5 の実行時間の差 0.5 秒と同程度となった．

以上で述べたように，forループ内での演算回数はデータ数が増えて繰り返し回数が多くなるほど処理速度に大きく影響を与える．よって，ループ内での演算回数を減らせるようなアルゴリズムを用いることで，同じ結果を与えるプログラムをより高速に実行することが可能となる．

1.2 ソートで体験する本格的なアルゴリズムの世界

それでは，本格的なアルゴリズムの世界に入っていこう．ここでは複数の数値を大きさの順に並べるソート (*sort*, 整列) を取り上げる．たとえば，[5, 10, 3, 2, 8] というデータを小さい順にソートすると [2, 3, 5, 8, 10] となる．ソートには様々なアルゴリズムが知られており，その詳細の学習は後の章で行う．ここでは異なるアルゴリズムを使うと，計算にかかる時間が極めて大きく変わるということを体感してほしい．用意できるのであれば，トランプを用意して並べ替えをしながら読んでほしい．

最初に，極めて効率が悪いアルゴリズムを体験しよう．トランプの1〜4のカード (本文中ではA (エース) を1と呼ぶことにする) をソートするために以下の操作を行う．

① カード4枚をシャッフルして裏を向けて並べて，適当な順番で4枚を拾い上げる．
② もし手元の4枚が1, 2, 3, 4の順にそろっていたら，ソート完了．
③ そろっていなかったら，①に戻る

このアルゴリズムは完全に運任せでソートを行うものであり，ボゴソート (*Bogosort*) と呼ばれる．

ボゴソートでは，なかなかソートが終わらないことが多い．運がよければ1回目の操作①でソートは終わるが，運が悪いと操作①を20回以上繰り返してもソートが終わらない．

この操作①でソートに成功する確率を計算してみると，4枚のカードの並べ方は $4! = 4 \times 3 \times 2 \times 1 = 24$ 通りあり，その1通りだけがソートに成功するので，$1/(4!) = 1/24 = 4.17\%$ と計算できる．ではカードを1枚増やして5枚にすると，この確率はどうなるだろうか．計算してみると $1/(5!) = 1/120 = 0.83\%$

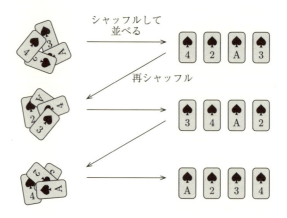

図 1.1 ボゴソートによる 4 枚のカードのソート

になる．6 枚，7 枚となると $1/(6!) = 1/720 = 0.14\%$，$1/(7!) = 1/5040 = 0.02\%$ となり，ソートに成功する確率は急速に下がる．そのため，カードの枚数が増えるとボゴソートの繰り返し回数は急増してしまう．

では実際にボゴソートの Python プログラムを走らせて計算時間を測定してみよう．ソースコード 1.6 にボゴソートのプログラムを示す．なお，このプログラムは Python の様々な関数や記述法を利用しており，読者はプログラムの内容を理解する必要はない．

このプログラムを実行すると，ソートにかかった時間が秒単位で 0.000063 のように出力される．平均的にかかる時間を知るために，このプログラムを 10 回実行し，得られた 10 回の秒数を平均したところ 0.00004 秒であった．

ではデータ数を 4 から増やしてみよう．3 行目の「$N = 4$」の部分がデータ数なので，ここを $N = 5$ のように変えて，プログラムを実行しよう．そうすると $N = 7$ までは一瞬でソートが終わるが，$N = 8$ では一瞬待たされるようになり，$N = 9$ では数秒待たされるようになる．そして $N = 10$ だと数十秒〜1 分以上待たされるようになる．N の値を変えてプログラムを 10 回実行した計算時間の平均値を表 1.4 にまとめた．また横軸をデータ数 N，縦軸を平均時間として図 1.2 にプロットした．

図 1.2 左図を見ると，データ数が 9, 10 のところで急激に計算時間が増大していることはわかるが，4〜8 の部分は変化が小さすぎて傾向がわからない．この

ソースコード 1.6 ボゴソートのプログラム

```
1  import random, copy, time
2  # 1～N までの配列を用意，N = 4 なら answer = [1,2,3,4]
3  N=4 ; answer = list(range(1,N+1))
4  # 順番をランダムにする：answer = [1,2,3,4] -> dat = [3,4,1,2]
5  dat=copy.deepcopy(answer) ; random.shuffle(dat)
6  start = time.perf_counter()  # 開始時間を記録
7  while(dat != answer):  # dat がソートできたらループから抜ける
8      random.shuffle(dat)  # dat をランダムに並べ替える
9  print(time.perf_counter()-start)  # 並べ替えにかかった時間 (秒)
       を表示
```

表 1.4 ボゴソートプログラムを N の値を変えて 10 回実行した実行時間の平均

データ数 N	10 回の平均 (秒)
4	0.00004
5	0.0005
6	0.0040
7	0.0165
8	0.0493
9	1.5763
10	19.6184

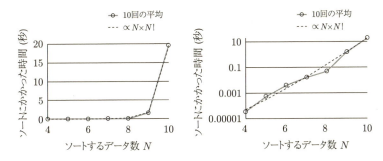

図 1.2 ボゴソートによる，データ数 N とソートにかかった時間のプロット (右図では縦軸を対数スケールにしている)

ようにスケールが大きく変化するデータを見る際には，対数プロットが向いている．図 1.2 右図は縦軸を対数スケールにしており，データ数 4～10 の全範囲で計算時間が増えていく様子がわかる．

ボゴソートにかかる計算時間はデータ数を N として $N \times N!$ に比例する．ここで $N!$ は先ほど見たシャッフルされたカードがソートされている確率が $1/(N!)$ であることに由来し，それにシャッフルごとにソートされているかどうかの確認にかかる時間 N を掛けたものとなっている．$N \times N!$ をソートにかかった時間と同じスケールになるように図 1.2 中に破線として描画している．実際にかかった時間の傾向を $N \times N!$ がよく再現している．

次はバブルソート (bubble sort) と呼ばれるアルゴリズムを体験しよう．図 1.3 を見ながら，以下の操作の説明を読んでほしい．6 回のカードペアの比較と，必要があれば入れ替え操作を行っている．

比較 1：一番右の 2 枚のカード (破線四角の中) を比較，左が大きいので入れ替える．

比較 2：比較するカードのペアを 1 つ左に動かして (破線四角を 1 つ左に動かす) 比較，左が小さいので何もしない．

比較 3：比較するカードのペアを 1 つ左に動かして比較，左が大きいので入れ替え．この操作終了時点で，一番小さいカードである 1 が一番左にある．

比較 4：一番右の 2 枚のカードを比較，左が小さいのでそのまま．

比較 5：比較するカードのペアを 1 つ左に動かして比較，左が大きいので入れ替え．この操作終了時点で，1, 2 が左に揃っている．

比較 6：一番右の 2 枚のカードを比較，左が大きいので入れ替え．この操作終了時点で，すべてのカードがソートされ 1, 2, 3, 4 になっている．

> **例題 1.5** 5 枚のカードを使ってバブルソートによる並べ替えを行うと，終了までにカードペアの比較を何回行うかを答えよ．
>
> **解答** 10 回．

では実際にバブルソートの Python プログラムを走らせて計算時間を測定してみよう．ソースコード 1.7 にバブルソートのプログラムを示す．なお，バブルソートの正確なアルゴリズムの説明は別の章で行うため，読者はここでプログラムの内容を理解する必要はない．

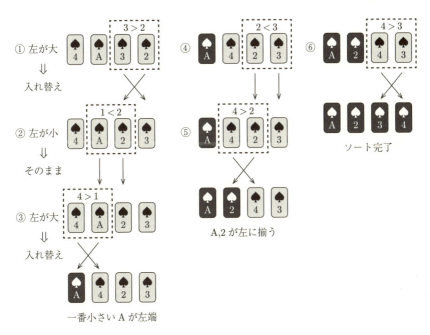

図 1.3 バブルソートによる 4 枚のカードのソート

ソースコード 1.7 バブルソートのプログラム

```
1  import random, time
2  # N 個のシャッフルされたデータを生成
3  # 例:N = 10 のとき dat = [2,5,7,4,10,8,1,6,3,9]
4  N=10 ; dat = list(range(1,N+1)) ; random.shuffle(dat)
5  start = time.perf_counter()  # 開始時間を記録
6  for i in range(N-1):
7      for j in range(N-1, i, -1):
8          if dat[j] < dat[j-1]:
9              dat[j],dat[j-1] = dat[j-1],dat[j]
10 print(time.perf_counter()-start)  # ソートにかかった時間 (秒) を
       表示
```

このプログラムを実行すると，ソートにかかった時間が表示される．4 行目のデータ数 N を 10 から変えて，N の値ごとに 10 回の実行を行って得られた計算時間の平均値を表 1.5 にまとめた．また横軸をデータ数 N，縦軸を平均時間として図 1.4 にプロットした．

表 1.5　バブルソートプログラムを 10 回実行した実行時間の平均

データ数 N	10 回の平均 (秒)
10	0.00003
100	0.0017
1,000	0.1590
3,000	1.4560
5,000	4.0035
7,000	9.2444
10,000	15.7448

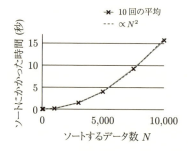

図 1.4　バブルソートによる，データ数 N とソートにかかった時間のプロット

　ボゴソートの場合，データ数 N が 10 の時点で実行に 19 秒もかかっていたが，バブルソートでは 0.00003 秒の一瞬でソートは終了する．このように，ソートするプログラムを実装する際に，使うアルゴリズムを変えるとその実行時間は桁違いに大きく変化する．

　データ数 N を増やしていくと，バブルソートにかかる時間も増えていき，$N = 10,000$ では約 16 秒の時間がかかるようになる．図 1.4 を見ると，N に対する計算時間の増え方は，N に比例する直線よりも急である．バブルソートの計算時間は，データ数 N の 2 乗に比例し，スケールを合わせて描画した 2 次関数（図 1.4 に破線で描画）と実測値がほぼ重なっている．実際に $N = 1,000$ と 10,000 での計算時間はそれぞれ 0.16 秒と 15.7 秒であり，後者は前者のほぼ 10^2 倍 = 100 倍となっている．このように計算時間が N の 2 乗に比例するのは，カードペアの比較を行う回数が，おおよそ N の 2 乗に比例しているためである．図 1.5 は，ソートの手順を図 1.3 のように図式化した上で，カードペア比

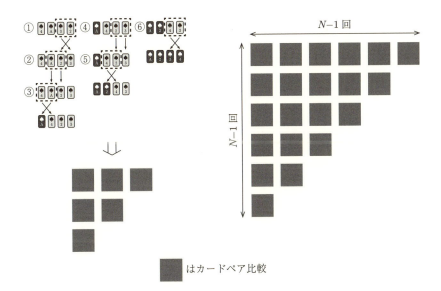

図 1.5 バブルソートにおけるカードペア比較回数の模式図 (左) $N=4$ の場合，(右) $N=7$ の場合

較の部分を■で模式化したものである．この図から，データ数が N の場合のカードペア比較の回数は

$$\sum_{i=1}^{N-1} i = \frac{N(N-1)}{2} = \frac{N^2}{2} - \frac{N}{2} \tag{1.1}$$

であり，N が十分に大きければ右辺第 2 項は第 1 項よりもはるかに小さくなり無視できるので，N^2 に比例しているとみなせる．

例題 1.6 以下の表の空白部分を埋めて，データ数 N が大きければ，バブルソートの比較回数 (計算時間に比例する) が N^2 に比例することを理解せよ．

データ数 N	$\dfrac{N^2}{2}$	$\dfrac{N}{2}$	$\dfrac{N^2}{2}$ は $\dfrac{N}{2}$ の何倍か
10	50	5	(50/5 =) 10 倍
100			倍
1000			倍
10000			倍

> **解答** 一番右の列については上から100倍，1,000倍，10,000倍となる．そのため，N が十分に大きければ，$N/2$ の項は無視できる．

では最後に，最も処理速度が速いソートのアルゴリズムの1つであるクイックソート (quick sort) を体験しよう．図1.6は10枚のカードをクイックソートによってソートした際の手順である．

操作1　一番右のカードを中央に置く．このカードはピボットと呼ばれる．

操作2　操作1で中央に置かれたカードを固定する (以降固定したカードは動かさない)．

操作3　その他のカードのうち，中央のカードより小さいものは左に，大きいものは右に分ける．

操作4　1枚だけに分けられたカードは固定する．

操作5　操作2で分けられた左のカード群，右のカード群に対して，それぞれ操作1～4を実行する．

では図1.6と照らし合わせながらクイックソートを進めよう．可能であれば手元のカードを実際に並べ替えながら説明を追ってほしい．その場合は，「固定されたカード」の上にコインを置くなどして目印を付けるとわかりやすくなる．

初期状態はカードがシャッフルされたStep Aである．まず操作1により一番右のカード4を中央に置き，操作2によりカード4を固定する (固定されたカードは文字色を白色で描画)．そして操作3により，4よりも小さいカード3枚はカード4の左側に，4より大きいカード6枚は右側に置く．左側は3枚，右側は6枚なので，操作4の対象になるカードはない．これでStep Bの状態になる．固定されたカードは4だけである．

次は操作5により，左側カード群 (2, 1, 3) と右側カード群 (9, 7, 5, 10, 8, 6) それぞれに対して操作1～4を行う．まず左側カード群では，一番右のカード3が中央に置かれて固定され，カード2, 1がその左に置かれる (右に置かれるカードはない)．右側カード群では，一番右のカード6が中央に置かれて固定され，カード5が左側に，カード9, 7, 10, 8が右側に置かれる．そしてカード5は操作4により固定される．以上の操作でStep CからStep Dに変化し，固定カードは3, 4,

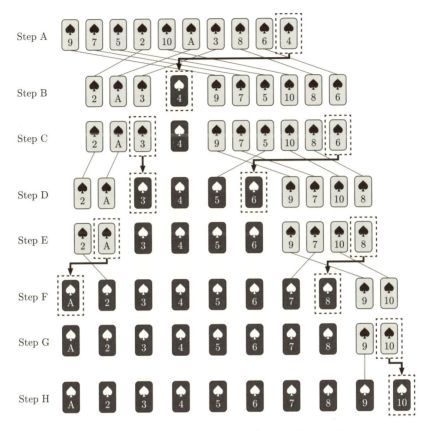

図 1.6 クイックソートによる 10 枚のカードのソート

5, 6 となっている．固定されたカードはソート済みとなっていることがわかる．

同様の手順で，未固定の左右のカード群に対して操作 1〜4 を再度行うと，Step E から Step F に変化し，カード 1〜8 がソートされた状態で固定される．そして最後に残ったカード 9, 10 に対して操作 1〜4 を行うと，Step G から Step H に変化し，1〜10 のカードはすべてソートされた状態で固定され，ソートが完了する．

それでは，クイックソートのプログラムを実行して，実行時間を確認しよう．ソースコード 1.8 にクイックソートのプログラムを示す．これまでのプログラムと同様に，読者はここでプログラムの内容を理解する必要はない．

ソースコード 1.8 クイックソートのプログラム

```python
import random, time
def quickSort(dat):
    if len(dat)==0 or len(dat)==1:
        return dat
    p = dat[-1]
    L = [x for x in dat[:-1] if x <= p]
    R = [x for x in dat[:-1] if x > p]
    return quickSort(L) + [p] + quickSort(R)
# N 個のシャッフルされたデータを生成
N=10000 ; dat = list(range(1,N+1)) ; random.shuffle(dat)
start = time.perf_counter()   # 開始時間を記録
dat = quickSort(dat)   # クイックソートの実行
print(time.perf_counter()-start)   # かかった時間 (秒)を表示
```

このプログラムを実行すると，ソートにかかった時間が表示される．10 行目のデータ数 N を 10,000 から変えて，N の値ごとに 10 回の実行を行って得られた計算時間の平均値を表 1.6 にまとめた．また横軸をデータ数 N，縦軸を平均時間として図 1.7 にプロットした．

表 1.6 クイックソートプログラムを 10 回実行した実行時間の平均

データ数 N	10 回の平均 (秒)
10,000	0.02
10 万	0.2
100 万	3.0
300 万	11.5
500 万	20.9
750 万	34.6
1,000 万	47.1

データ数 $N = 10,000$ での実行時間は，バブルソートでは約 16 秒かかったのに対し，クイックソートでは 0.02 秒の一瞬で終了する．そして $N = 1,000$ 万という膨大なデータであっても，クイックソートを使えば 1 分以内でソートを実行することができる．

図 1.7 を見ると，N に対する計算時間の増え方は，はっきりとした 2 次関数

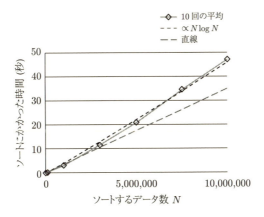

図 1.7 クイックソートによる，データ数 N とソートにかかった時間のプロット

であったバブルソートのものと比べると，直線的に見える．ただし，灰色の破線で示す直線と見比べると，若干だが直線よりも増加が急であることがわかる．クイックソートの平均計算時間は，データ数 N として $N \log N$ に比例することが知られており，実際に $N \log N$ が実測の計算時間をよく再現している．$\log N$ は，クイックソートのデータを 2 分割 (選んだカード (ピボット) の右側と左側に分割) する操作を行う回数に由来している (図 1.6 の例では分割を 4 回行っている．また，例題 1.7 を参照)．もしカードの分割により同じ枚数の群に分けられるとするならば，カード数が 2 倍になったとしても 2 分割する操作の回数は 1 回増えるだけであり，この分割回数の増え方は対数的になる．これに，操作 1～4 を 1 通り行うために必要な操作の回数 N を掛けることでクイックソートの計算時間になる．

> **例題 1.7** データを同じ個数の 2 つの群に分ける操作を，1 つの群のデータ数が 1 つになるまで反復する操作を考える．図 1.8 に例示するように，データ数が 8 の場合は分割の反復回数は 3 となる．データ数が 16, 32, 256 の時の分割の反復回数を答えよ．また一般にデータ数が N (N は 2 のべき乗だとする) の場合の分割の反復回数を答えよ．

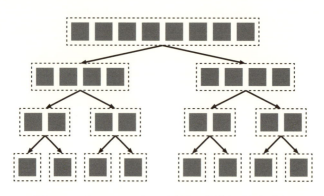

図 1.8 8個のデータを2分割する操作を繰り返す例

解答 データ数が 16, 32, 256 の場合，分割の反復回数は 4, 5, 8 である．N の場合は $\log_2 N$ となる (たとえば $N = 16 = 2^4$ の場合は $\log_2 2^4 = 4\log_2 2 = 4$ となる)．

この章の締めくくりとして，3種類のソートの速度をまとめて振り返る．図 1.9 に各ソートでのデータ数 N に対する計算時間のプロットを示している．両軸とも数値範囲が広いので，対数スケールでプロットしている．ボゴソートでは $N \times N!$ という極めて急速な計算時間増大を示し，$N = 10$ というわずかなデータですら約 20 秒も計算時間がかかる．バブルソートでは N^2 のペースで計算時

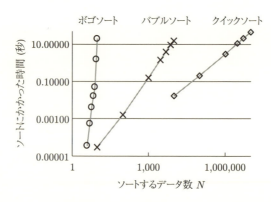

図 1.9 3種類のソートの計算時間とデータ数 N のプロット (両軸とも対数スケール)

間が増大し，$N = 10$ であればボゴソートの 67 万倍速くソートが終わる．そして $N = 10,000$ では 16 秒とかなりの計算時間が必要となる．クイックソートでは $N \log N$ のペースで計算時間が増大し，$N = 10,000$ では 0.02 秒の一瞬で計算が終了する．そして，$N = 1,000$ 万という膨大なデータを 1 分以内にソートすることが可能となる．

> **例題 1.8** 以下の表の空白を埋めることで，各アルゴリズムの計算時間の増大速度の違いを体感せよ．log の底は 10 とする．
>
> | データ数 N | $N \times N!$ | N^2 | $N \log N$ |
> | --- | --- | --- | --- |
> | 5 | 600 | 25 | 3.5 |
> | 10 | | | |
> | 20 | – | | |
> | 100 | – | | |
> | 1,000 | – | | |
> | 10,000 | – | – | |
> | 100,000 | – | | |

数値を並べ替えるソートを例として，異なるアルゴリズムを用いると計算時間が極端に変化するということを体験した．適切なアルゴリズムを学習・理解し，そして適切なアルゴリズムを選択した上でプログラムに実装することの重要性を理解できたはずである．今後の各章では，様々な実行すべき課題について，計算時間などの面で適切なアルゴリズムや，その際の有用なツールとなる種々の「データ構造」について学習を進める．

第 2 章
アルゴリズムとは何か

　アルゴリズムを議論する上で基礎となる事項を述べる．本章は，まずアルゴリズムとは何かについて議論し，次にそのアルゴリズムを誰が見ても明確に理解できるようにするための記述方法について述べる．さらに，アルゴリズムは設計によって必要な計算量が大幅に変わるので，その評価の尺度について議論する．

2.1　人間の頭の中にある処理の手順との違い

　プログラムを書く目的は，作業の自動化にある．膨大なデータの処理や複雑な計算を機械に任せるためにプログラムを利用する．または，ゲームのような仮想の世界をコンピュータやスマートフォンの上に構築したいという目的もあるだろう．いずれにしろ，プログラムを書くということは，ひとが行っている作業をプログラムで扱える仮想世界に投射することといえる．しかし，その投射は思うほど簡単ではないことが多い．なぜなら，ひとが実際に作業を行っているときにイメージする処理の手順と，コンピュータに処理を行わせる際の手順とはかなり違うからである．

　たとえば，第 1 章でも紹介したように，ばらばらに並んだトランプのスペードのカード 1 から 13 までを，数字の小さいものから大きいものへ左から順番に並び替える作業を考えよう．

　この作業について，ひとであれば処理の手順はほとんど意識しない．適当に目についたところから，小さいカードを左に，大きいカードを右に移動することを繰り返す．その際に数字の並んだカードを 2 枚同時に手にとったり，両手を使ったり，エース (= 1) とキング (= 13) のカードだけは特別扱いして最初に左

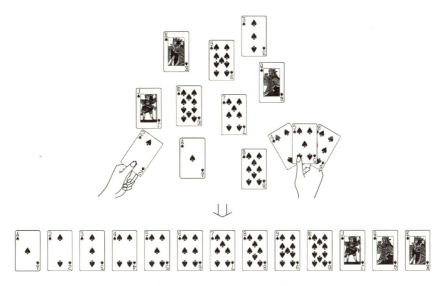

図 2.1 トランプの並び替え

端と右端に並べたりするかもしれない．どちらかというとひとは全体を俯瞰する能力に優れていて，そちらを優先するので，できあがったと思っても，「よく見たら 6 と 7 のカードのペアだけ入れ替わっていた」といった局所的なエラーは珍しくない．

　一方で，これをプログラムで処理する際には，第 1 章で体験したように，もっと局所的な手順をとる．「13 枚のカードから 1 枚つまんで，それを他のカードと比較しながら，しかるべき位置に置く」という処理を最小単位とし，これを並び替えが終了するまで繰り返すという手順となる．これはイメージで描くと，図 2.2 のようにロボットハンドが 1 本だけあって，それが仕事をしている様子となる．

　プログラムで処理をする際には，ひとのような全体観を使えないので，小さいロジックを愚直に積み上げて目的を達成する．その際に特徴的に現れるのが処理の「繰り返し」である．プログラミングではこれをループと呼んでいて，プログラムは図 2.3 のように，一重，または多重のループを構成し，目的が達成されるまで処理を繰り返すように作られていることが多い．このように現実世界での仕事の手順をプログラムの手順に落とし込む際には，ループを使って，一本の処理の流れに編成しなおすという基本パターンがあることを覚えておきたい．

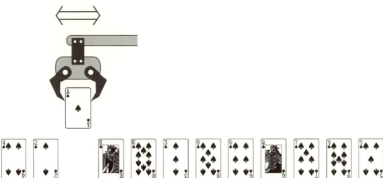

図 2.2 トランプの並び替え

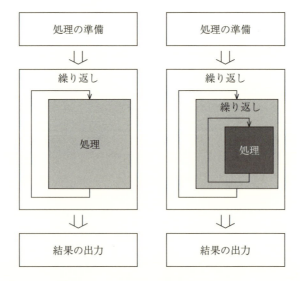

図 2.3 よくあるプログラムのパターン

2.2 アルゴリズムとは

　まず，単純な例から考えよう．2つの数字の和を計算して表示するという処理である．図2.4に示すように，このような単純な処理でも，コンピュータに行わせるには手順を詳しく書く必要がある．

　この例では，誰が考えてもこれ以外の手順にはならないだろう．しかし，第1章のソーティングの例で見てきたように，より高度な処理を行う際には，いろい

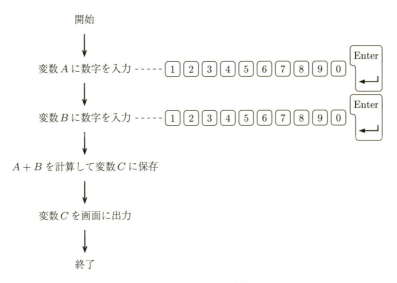

図 **2.4** 2つの数字の和を計算する手順

ろな手順が考えられる．手順の決め方によっては，短時間で処理を完了させることができたり，使用する記憶域のサイズを小さくすることができたりするだろう．このような処理手順のことを**アルゴリズム** (*algorithm*) と呼ぶ．そして，それをコンピュータが解釈できる言語 (プログラミング言語) を用いて表現したものを**プログラム** (*program*) と呼ぶ．

アルゴリズムを決める際には，処理を行うためのデータの入れ物も決める必要がある．それを変数といって，先の例では A, B, C という変数に必要な値を格納している．すなわち，アルゴリズムを決めるとき，データの持ち方 (データ構造) もほぼ同時に決まる．本書を含め，多くの書籍のタイトルが「アルゴリズム」と「データ構造」の2つの単語を並べたものになっているのはそのためである．

2.3 構造化

アルゴリズムを記述する際には，意識すべきことがある．それは，手順を順次処理，反復，分岐の3種類のどれかの構造として記述することである．

「順次処理」とは，一方向に処理を続けるという形式であって，2.2節 (図 2.4) の「2つの数字の和を計算して表示する」例がそれにあたる．もし，この処理

を 2 つの数字に限定せず，空 (カラ) 文字が入力される (数字を入力せず Enter キーのみを押す) まで数字の合計を続けるという処理に変更した場合にはどうなるだろうか．ここで，「反復」が登場する．図 2.5 に示すように，変数に数字を入力し，それが空文字でなかった場合には，合計処理を実行し，反復を継続する．もし空文字であった場合には，反復内のそれ以降の処理を実行せず，反復を抜ける．この制御を break と呼ぶ．

一般に，「反復」処理としてよくあるパターンは，

① 新しいデータを処理するために反復する
② 最終結果になるまで処理を繰り返すために反復する

の 2 通りである．今回の例 (図 2.5) はパターン①である．このパターンは，データ要素に沿った反復処理となっており，給与計算で社員データを 1 つずつ処理することや，並べたカードを左から 1 つずつ取ってきて処理することなどが例として挙げられる．また，やや趣を異にするが，ゲームや機器組み込みのプログラムでは，操作ボタンやセンサーの状態を観測するために反復するというこ

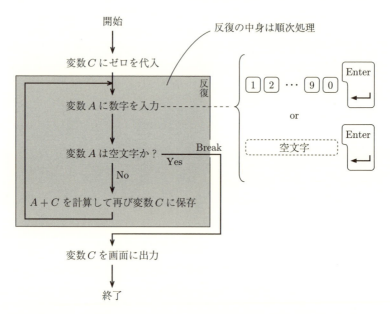

図 2.5 空文字が入力されるまですべての数字の和を計算する手順

とも行われる．これも，パターン①に分類される[1]．

パターン②は，定型処理を繰り返すことで目的が達成されるタイプの反復処理である．本書を含むアルゴリズムに関する多くの本で，数字列を小さなものから大きなものに並び替えるソーティング処理が紹介されるが，それらは，このパターンの反復処理を使っている．また，科学技術計算では，数値を逐次更新して最終的な答えを導き出す処理が多くみられるが，それもこちらのパターンである．

反復は多重に構成されることも多いので，ソーティング処理に見られるように，外側の反復はパターン②，内側の反復はパターン①ということは普通にみられる．

さて，先ほどの例にさらに処理を追加してみよう．もし，負の数字が入力された場合には，その入力は無視することにする．その場合，処理は図2.6のようになる．ここでは，負の数字であった場合には，反復内のそれ以降の処理を実行せず，反復内の先頭に戻って処理を継続する．これにより不要な処理はスキップすることができる．この制御を continue と呼ぶ．ここまで見てきたように反復処理には break と continue の制御構造があることを覚えておきたい．

次に，「分岐」について見てみよう．先の例では，入力が空文字であった場合，負の数であった場合，それ以外であった場合の3通りで処理が分岐する．これは，たとえばプログラミング言語として Python を使用した場合には，if, elif, else の分岐表現を利用することができる (ソースコード2.1)．

ソースコード **2.1** Python での分岐構造

```
1  C = 0
2  while True:
3      A = input("Input number: ")
4      if A == '':
5          break
6      elif float(A) < 0.0:
7          continue
8      else:
9          C = float(A) + C
10 print(C)
```

---

[1] ただし，これは割り込み処理で実装されることも多い．

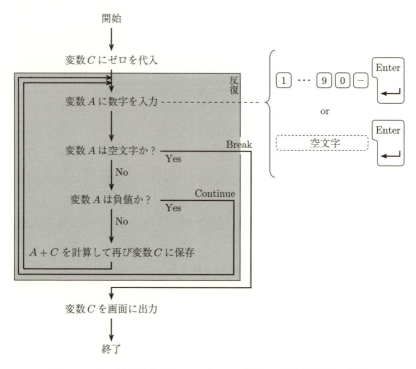

図 2.6　負の数字は無視しつつすべての数字の和を計算する手順

　以上のように，アルゴリズムを順次処理，反復，分岐の3種類の構造で記述することで，処理の流れがわかりやすくなる．これらの3種類の構造を使ってアルゴリズムを記述する手法は構造化プログラミングと呼ばれている．よく構造化されたアルゴリズムは構造化チャートを用いて構造を視覚的に表現することができる．図 2.7 に上記の処理を構造化チャートの一種である NS チャートで表現した例を示す．

　これら3種類の構造以外にも跳躍という構造 (goto 文に代表されるプログラム中の任意の場所から別の場所へと処理をジャンプさせる構造) が存在するが，処理内容の把握が困難になるため，構造化プログラミングではこれを避けることが勧められている．

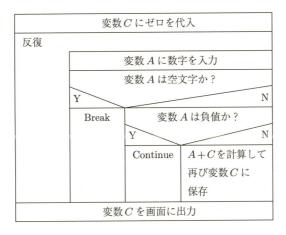

図 2.7 NS チャートの例

2.4 段階的詳細化

　単純な処理であっても，プログラムとしてコンピュータに行わせる手順を記述すると，長大なものになることが多い．そうなると，プログラム全体の意味を把握しにくくなるので，複数の処理を 1 つにまとめて部品のようにし，それを呼び出すようにすることで，読みやすいプログラムにすることができる．またアルゴリズムを考えるときには，部品化されたものを想定して，まず大雑把に設計を行い，次にその部品の中身の詳細を考えていくということが行われる．そこでは，部品の中にも部品を想定できるので，この作業は段階的詳細化と呼ばれている．部品はサブルーチンやクラスとして用意される．ここでは，例として，10 個の数字を入力し，その平均と分散を求める処理を想定しよう．図 2.8 に示すように数字入力，平均算出，分散算出の 3 つの機能をサブルーチンとして用意し，本体 (メインルーチン) から呼び出すことができる．

　サブルーチン化した場合，機能ごとの処理の手順はサブルーチンの中に移される．一方で，各サブルーチンで共通に使用される変数については，その所有者はメインルーチン側に残るのが普通である．たとえば，10 個の数字を入力するためには 10 個の変数 (ここでは配列) が必要になるが，それはメインルーチンの方で用意しておいて，サブルーチンにそれを使わせる形式となる．また平均や分散といった処理の結果は，サブルーチンからの戻り値としてメインルー

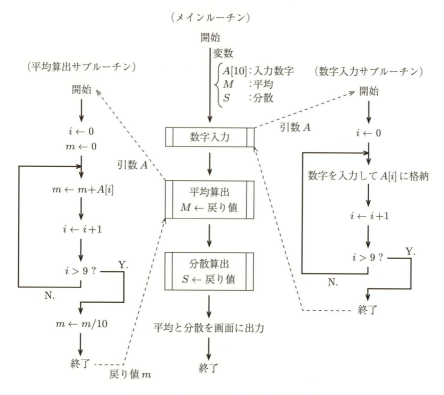

図 2.8 サブルーチン化した処理

チンへ返され，そこで保存される．ちなみに，サブルーチンは入力に対する出力 (戻り値) を返すという形式的な一致から，関数と呼ばれることもあるので慣れておきたい．

　一方で，処理の手順だけでなく変数の所有者自身もサブルーチン側に移した方が，より独立性の高い部品になるという考え方もある．それがクラスである．先ほどの例をクラス化した場合には，10 個の数字を入力するための変数は，数字入力のクラスに所有させてしまう．数字入力のクラスには，入力を実行しろという関数が用意されるので，メインルーチンはそれを呼び出せばよい．クラスには，このようなクラス外から呼び出し可能な関数を複数設けることができる．その関数はメソッドと呼ばれる．

2.5　フローチャート

アルゴリズムを記述するために，**フローチャート** (*flowchart*) と呼ばれる図形表現をしばしば用いる．

フローチャートでは，各種の処理を箱と矢印を使って表現する．各工程の入力・出力・前後関係を視覚化し，それによって見る者がプロセスを直感的に把握できるようになり，欠陥やボトルネックを発見しやすくなる．本来はプログラミングの分野で使われていたが，現在はあらゆる分野で幅広く活用されている．

主なメリットは以下である．

- プロセスの入出力と順序関係を視覚的に明確に表せる．
- 自然言語で説明しにくいプロセスの全貌を把握しやすい．細部に問題があるとき，それを発見・修正するのが容易になる．
- 複数の作業者でプロセス設計を行うとき，担当箇所の明確化と意思疎通に有用である．

整数 1 から 10 まで足しこむアルゴリズムをフローチャートで表す例を図 2.9 に示す．

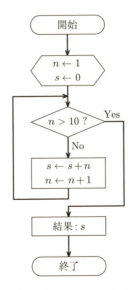

図 **2.9**　1 から 10 までの整数を足しこむ処理を表現するフローチャート例

フローチャートは用途に応じて多数の部品を提供しているが、アルゴリズム表現に使用される主な部品を表 2.1 にまとめた。

表 2.1 フローチャート部品

部品	説明
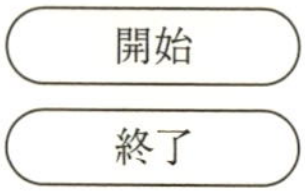 開始 / 終了	**端子** 円または角が丸められた長方形で表現される。図形の中に「開始」・「終了」といった単語を用い、プロセスの開始と終了を示す。
 →	**矢印** 制御の流れを示す。部品間をつなぐように描くことで、制御が部品から部品へと流れる順序を示す。
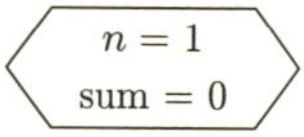 $n=1$, $\text{sum}=0$	**準備** 六角形で表現される。初期設定の準備、変数の宣言や関数の定義を行う。
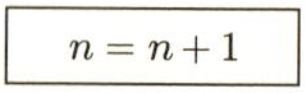 $n = n+1$	**処理** 長方形で表現される。任意の種類の処理機能を表す。
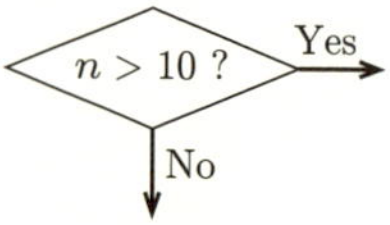 $n > 10\,?$ Yes/No	**判断** 菱形で表現される。1 つの入口と複数の択一的な出口を持ち、内部に記述された条件の評価(「YES」か「NO」)に従って出口を選ぶ判断機能を示す。
 (合流記号)	**合流** 複数の制御の流れが合流して 1 つの流れとなることを示す。黒い点、⊕、または単に流れ線の途中に矢印が接する形で合流を表す。

例題 2.1 自然数 x の階乗 $x!$ を求めるアルゴリズムのフローチャートを書け。

解答 解答は図 2.10.

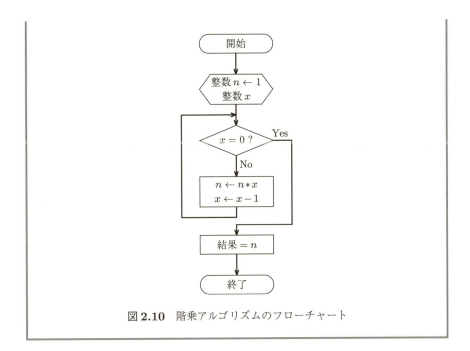

図 2.10 階乗アルゴリズムのフローチャート

2.6 計算量

　本章の締めくくりに，どのようなアルゴリズムを使うのがよいかを決める尺度としてよく用いられる，**時間計算量** (*time complexity*) と**領域計算量** (*space complexity*) の考え方を紹介する．

　まず，大前提として，昨今のコンピュータの処理速度は十分に速いので，少量のデータを処理したいだけであれば，どう処理をすれば最も効率がよいかなどと考える必要性は低い．第 1 章で見たように，今時のパソコンにデータの合計値や最大値や最小値を求める処理をさせた場合，データ数が 1 千万個ぐらいまでなら，0.1 秒以上かかることはまずあり得ない．データのソートなら，クイックソートのアルゴリズムを使えば 10 万個ぐらい，効率の悪いバブルソートを使った場合でも 1000 個ぐらいまでなら同様である．つまり，処理対象がそのぐらいの規模であれば，あれこれと考えるよりとにかく実行してしまった方が得策だといえる．時間を費やしてプログラムを改良して処理の効率を倍にできたところで，0.1 秒が半分になるだけである．

もちろん，0.1秒を0.05秒に縮めることに大きな意味がある場面も多々ある．たとえば，1人分のデータは1000個でも，そういった処理対象が100万人に及ぶような場合もある．ゲームなどのリアルタイム性が重要なソフトウェアなどでは$\frac{1}{60}$秒ごとの画面の書き換えに処理を間に合わせ続ける必要がある．そういった処理の高速化も重要ではあるが，その領域ではデータをハードディスクなどからどう読み込んでどう保存するのかといったデータに対する計算以外の処理の比重が大きくなる．また，コンピュータのアーキテクチャによって最適な計算方法が細かく変わったりと，よりきめ細かなテクニックの話になってしまうため，本書では扱わない．

一方で，どんなにコンピュータの処理速度が速くなっても意識しておくべきなのが，**時間計算量のオーダー**である．平たくいえば，ある量のデータに対して0.1秒で処理が終わるプログラムがあったとして，そこに倍の量のデータを与えたときにどれぐらいの時間がかかるのか？ 0.2秒になるのか0.4秒になるのか．一体，何倍ぐらいまでなら，実用的な時間で処理が終わるのだろうか？といった問いである．あるアルゴリズムはデータの量がN倍になるとN倍の処理時間がかかるようになる一方，別のアルゴリズムはN^2倍の処理時間がかかるようになる．さらには，データが1つ増えるごとに処理時間が2倍になるようなアルゴリズムもある．そのため，アルゴリズムの良し悪しに関する評価は，データのサイズが大きくなるにつれてどうなるのかという点を考察することが重要になる．

2.6.1 オーダー記法

第1章では，データの個数をNとして，計算時間がNに対してどのように増えるかを紹介した．たとえば，ボゴソートでは$N \times N!$，バブルソートではN^2，クイックソートでは$N \log N$に比例して増えるなどとなった．そのような考察をシンプルに書き表す方法として，アルゴリズムの分野では**オーダー記法**が用いられる．オーダー記法の数学的な定義は以下のようになる．

オーダー記法

関数 $T(N)$ に対して，$N \geq N_0$ を満たすすべての N に対して，
$$T(N) \leq cf(N)$$
となるような，関数 $f(N)$，定数 N_0，および N によらない定数 c が存在する場合，「$T(N)$ のオーダーは $\mathcal{O}(f(N))$ である (オーダー $f(N)$ である)」または「$T(N)$ は $f(N)$ のオーダーである」と表現する．

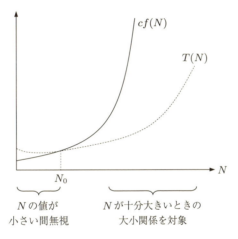

図 **2.11** $cf(N)$ と $T(N)$ の関係

大ざっぱにいうと，「$T(N)$ のオーダーは $\mathcal{O}(f(N))$ である」というのは，「N を大きくしていくと，どこか (N_0) を越えるとそれ以降はずっと，$f(N)$ の定数倍の方が $T(N)$ よりも大きい」という意味である．図 2.11 のように，ある程度 N が大きくなって以降は常に $f(N)$ の定数倍の方が大きければ，N が小さい場合には逆転していてもよい．変数が複数の場合のオーダーも同様に定義でき，たとえば，以下のような表現ができる．

① $F(N) = kN$ (k は N によらず一定であるような定数) のオーダーは $\mathcal{O}(N)$
② $G(N) = 123N^2$ のオーダーは $\mathcal{O}(N^2)$
③ $H(N) = N^3 + 123N^2 + 123456N + 126456789$ のオーダーは $\mathcal{O}(N^3)$

④ $S(N) = k$ (k は N によらず一定であるような定数) のオーダーは $\mathcal{O}(1)$
⑤ $T(N, M) = MN$ のオーダーは $\mathcal{O}(MN)$

③のように極端な値にすると，$123456N$ や 126456789 が $H(N)$ の値を計算する上で，大きなウェイトを占めそうだが，N がある程度以上 (自明なところでたとえば5桁以上) 大きくなると，N^3 の方が他の項に比べて圧倒的に大きな値になる．よって，$\mathcal{O}(N^2)$ や $\mathcal{O}(N)$ では，$H(N)$ に対してオーダー記法の条件を満たすような N_0, c はあり得ず，$H(N)$ のオーダーとしては不適切である．

なお，定義に従えば，たとえば②を $\mathcal{O}(123N^2)$ や $\mathcal{O}(N^3)$ や $\mathcal{O}(N^4)$ であると表現してもよいことになるが，オーダー記法を用いて計算時間について議論する場合には，なるべく単純で，関数の漸近的振る舞い (増加の様子) をよく表現している数式を選ぶ．そのため，②は $\mathcal{O}(N^2)$ と表記する．④のように N が変わっても変化しない数式のオーダーは $\mathcal{O}(1)$ と表現する．

また，⑤のように複数の変数からなる式のオーダーは，それらの変数を組み合わせて表現する．

例題 2.2 計算量 $T(N)$ が次のような式で表される場合，そのオーダーを求めよ．

(1) $T(N) = 2N^2 + 9$
(2) $T(N) = N^2 + 4N \log N$
(3) $T(N) = 7N + 4N \log 3N$
(4) $T(N) = aN^3 + bN^2 + cN + d$

解答 (1) $\mathcal{O}(N^2)$ (2) $\mathcal{O}(N^2)$ (3) $\mathcal{O}(N \log N)$ (4) $\mathcal{O}(N^3)$

例題 2.3 以下のオーダーをそれぞれ求めよ．

(1) 無作為に並んだ N 個の数値から，最大値を求める作業にかかる手数．
(2) 横 N 列，縦 M 行並んだ升目をすべて塗りつぶすのにかかる時間．ただし，どの升目も，1升を塗りつぶすのにかかる時間は t 秒で

一定だとする．

(3) 大勢の参加者で勝ち抜き〇×クイズを行うとする．各問題で参加者は〇か×かのいずれかを選ぶ．正解を選んだ参加者は勝ち残り，不正解を選んだ参加者は失格となり即座に退場させられる．N 人からスタートして優勝者 1 人を決めるのに x 回戦かかった場合，x のオーダーを N で表現するとどうなるか．ただし，各問題で，勝ち残っている参加者は〇と×にちょうど半分ずつに分かれるとする．

解答

(1) N 個の項目を 1 つずつ調べる必要があるので $\mathcal{O}(N)$．

(2) NM 個の升目を塗りつぶせばよいので，塗りつぶしにかかる時間は tNM 秒．t は定数なので，$\mathcal{O}(NM)$．

(3) 決勝戦では 2 人が 1 人に絞られ，準決勝では 4 人が 2 人に絞られ… と考えて行くと，x 回戦行うと，2^x 人が 1 人に絞られることになる．よって，$2^x = N$．両辺の対数をとると $\log 2^x = \log N$ から変形して，$x \log 2 = \log N$，$x = \dfrac{1}{\log 2} \log N$．$\dfrac{1}{\log 2}$ は定数なので，x のオーダーは $\mathcal{O}(\log N)$．

この問題は，$\mathcal{O}(\log N)$ となる典型的な例である．

2.6.2 時間計算量と領域計算量

第 1 章で挙げたソートアルゴリズムの例の**時間計算量**をオーダー記法を用いて表現すると以下のような書き方ができる．

- ボゴソートの平均時間計算量のオーダーは $\mathcal{O}(N \times N!)$
    最大時間計算量のオーダーは $\mathcal{O}(\infty)$
- バブルソートの平均時間計算量のオーダーは $\mathcal{O}(N^2)$
    最大時間計算量のオーダーは $\mathcal{O}(N^2)$
- クイックソートの平均時間計算量のオーダーは $\mathcal{O}(N \log N)$
    最大時間計算量のオーダーは $\mathcal{O}(N^2)$

ここで，**平均時間計算量**と**最大時間計算量**の2つの時間計算量を挙げている．平均時間計算量は，あらゆる可能性について考慮した場合の時間計算量の平均を表す．ソートの場合なら，あらゆる順列に対してソートを行ったときに，それらにかかる時間の平均と考えればよい．最大時間計算量は，最悪の場合にどれだけ処理時間がかかってしまうかを表す．ボゴソートは運が悪いといつまで経っても終わらないので，最大時間は ∞ になる．

アルゴリズムの時間計算量

一般的に，オーダー記法を用いてアルゴリズムの時間計算量を評価する場合，実際の計算時間ではなく，どれだけの回数の計算が行われるかで評価する．さらに，「1行を『1回の計算』とみなし，延べ何行分が実行されるか」などを見積もれば十分である．なぜそうなるのかを理解するため，以下のような例を考えてみよう．

プログラム中のある行で，掛け算が3回と足し算が2回の計5回の計算が行われていたとする．そして，この1行を「1回の計算」と大ざっぱに見積もった場合に，時間計算量は $\mathcal{O}(N^2)$ という結論が出たとする．もう少しちゃんと見積もるために，その1行を「1回の計算」とまとめてしまうのをやめて，「5回の計算」として見積もり直しても，時間計算量はたかだか $\mathcal{O}((5N)^2)$ にしかならず，これは結局 $\mathcal{O}(N^2)$ である．

他の場合でも，N の大きさによらず一定の時間で終わる処理であれば，どんな処理を「1回の計算」とみなしても，オーダー記法で見積もった時間計算量は同じになる．また，様々な計算にかかる時間がコンピュータの性能やプログラミング言語でまちまちであるため，徹底的に厳密に評価できたとしても，そのコンピュータ，そのプログラミング言語でしか使えない，使い道の少ない分析結果になる．そのため，アルゴリズムの良し悪しの評価にはオーダー記法を用いたぐらいがちょうどよいとされている．

バブルソートの時間計算量

バブルソートを例に，時間計算量について少し考えてみよう．ソースコード1.7のバブルソートの例の，6行目〜9行目のソートを行っている部分で，延べ何行

分のプログラムが実行されるかを考えてみよう．第1章で図1.5を使って考察したとおり，このアルゴリズムでは，$\frac{N^2}{2} - \frac{N}{2}$ 回，6行目のfor文の処理（jの値の更新）と配列の成分の比較がそれぞれ行われる．また，比較の結果，大小が逆順に格納されていた場合にだけ，値を入れ替える処理が行われる．値を入れ替える処理がどれだけ行われるかはデータによって決まる．元々，すべての値が小さい順に並んでいた場合はまったく入れ替えることがなく，入れ替え処理は0回となる．一方，すべての値が逆順に並んでいた場合は毎回必ず入れ替えが行われ，入れ替え処理は $\frac{N^2}{2} - \frac{N}{2}$ 回となる．また，6行目のfor文の処理が N 回行われる．結果として，このアルゴリズムは，延べ $2\left(\frac{N^2}{2} - \frac{N}{2}\right) + N$ 行 ～ $3\left(\frac{N^2}{2} - \frac{N}{2}\right) + N$ 行分のプログラムが実行される．いずれにせよ，オーダー記法のルールに従って整理すると，$\mathcal{O}(N^2)$ となり，バブルソートは最も上手く行った場合でも，最も上手く行かなかった場合でも，あらゆる場合の平均をとった場合でも，時間計算量は $\mathcal{O}(N^2)$ になる．

クイックソートの時間計算量

クイックソートは，上手く行った場合には，第1章の図1.8を用いた考察の通りになり $\mathcal{O}(N \log N)$ になる．これは，x 個の要素からなるグループをソートする場合，ちょうどよいピボット p が選べた場合には，p を中心として，約 $\frac{x}{2}$ 個のデータが含まれた2つのグループに分類され，次にその2つのグループが別々にソートされ … と続いていくことによる．ところが，p として，運悪くグループ中の最小値を選んでしまうと，左端に p が来て，残りの $x-1$ 個が次にソートされるべきグループになってしまう．このように最悪のピボット値を選び続けてしまった場合には，バブルソートと同様に $\mathcal{O}(N^2)$ の時間計算量がかかるため，クイックソートの最大時間計算量は $\mathcal{O}(N^2)$ となってしまう．

なお，詳細な解析は本書では行わないが，クイックソートの時間計算量をあらゆる順列について考えて平均をとると，$\mathcal{O}(N \log N)$ となるため，最悪の場合に動作が遅くなる欠点は，実用上ほとんど問題がない．ただし，制限を決して越えてはいけないというようなシビアな用途もあり，そういった場合には，最

大時間計算量が $\mathcal{O}(N \log N)$ となるようなアルゴリズムが選ばれることもある．また，ピボット値の選択方法がわかっていれば，最大時間計算量となってしまうような悪意に満ちたデータを狙って作成することは容易である．そういうデータを送りつけることで処理を遅らせるといういたずらや業務妨害も可能なため，最悪のケースを滅多に起こらないことと決めつけるのも，やや危険といえる．

アルゴリズムの領域計算量

領域計算量は，同様にそのアルゴリズムを実行する際に必要となるメモリの量を評価したものである．より少ない量のメモリで動作するプログラムの方が，よいプログラムといえる．ただし，実用的なアルゴリズムでは，あまり領域計算量が大きくなることはない．なぜなら，領域計算量は必ず時間計算量と同程度かそれよりも小さなオーダーになる．時間計算量分，目一杯，メモリにデータを書き込み続けても，たかだか時間計算量に比例した量のメモリしか使うことはできないからである．また，メモリが足りない場合はそもそもプログラムが動作しなくなるため[2]，どちらかというと，より具体的にメモリが何 MB，あるいは，何 GB 必要になる，といった見積もりをする方が多い．

なお，理屈の上では，最小時間計算量や，最小領域計算量を考えることもできるが，最も都合がよいデータの場合の動作について考察してもあまり得られるものがないため，議論されることはほとんどない．

2.6.3 アルゴリズムのオーダーの具体例

以下に，よく使われるアルゴリズムの時間計算量として現れるオーダーについて紹介する．

$\mathcal{O}(1)$

データのサイズによらず一定時間で終わる処理．プログラム全体の評価ではなく，四則演算や，データの集まりに新規の項目を追加する処理など，プログラムのある特定の部分の動作速度について考察する場合に登場する．

---

[2] ある程度のメモリの不足は，メモリに書かれたデータの一部をハードディスクなどに一時的に待避するスワッピングと呼ばれる OS の機能で補われるが，そのようにしてスワッピングが起こるとコンピュータの性能が極端に下がるため，あまり望ましくない．

$\mathcal{O}(\log N)$

データのサイズが倍になるごとに，処理時間が一定時間延びるようなアルゴリズムはこの時間計算量になる．

あらかじめ，データに何らかの下準備を施しておくことで，特定の処理を高速に行うようなアルゴリズムがこれに該当する．たとえば，第 6 章で紹介する二分探索が典型例である．二分探索では，あらかじめデータを大小順に並べて記憶しておく．これにより，データから特定の値を見つけ出したい場合には，その値があるかもしれない範囲を半分，また半分と狭めていくことができ，探索を迅速に終えられる．

$\mathcal{O}(N)$

データの合計値の計算や，最大値や最小値を探す処理など，データのすべてを 1 回ずつ見るような処理は $\mathcal{O}(N)$ となる．

ちなみに，プログラム全体が $\mathcal{O}(N)$ より速くなることはほとんどあり得ないため，時間計算量が $\mathcal{O}(N)$ のプログラムというのは，実質的に最速といえる．なぜなら，そもそも，「データをメモリに読み込む処理」などは，当たり前にデータの量に比例した時間がかかり，それだけで $\mathcal{O}(N)$ となる．また，$\mathcal{O}(N)$ 未満の時間で行う処理というのは，データの大半を読み飛ばさないと実現できない．最大値を求めるとして，何が含まれているかわからないデータからどこかを読み飛ばしつつ「最大値はこれだ」と言われても，読み飛ばした部分により大きな値が含まれているかも知れない．

よって，前項の $\mathcal{O}(\log N)$ で述べたように，$\mathcal{O}(N)$ 未満の時間計算量になるアルゴリズムは，何らかの下処理を終えたデータに対する何らかの処理 1 回が $\mathcal{O}(\log N)$，というような場面で登場する．

$\mathcal{O}(N \log N)$

$\mathcal{O}(N)$ よりは時間がかかるが，劇的には増えず，それなりに大きなデータに対しても十分に使える．ソートアルゴリズムなど，実用的な多くのアルゴリズムはこのジャンルに属する．

$\mathcal{O}(N^2)$, $\mathcal{O}(N^3)$, $\cdots$

単純なループが2重，3重，$\cdots$になっている部分を含むプログラムは，この時間計算量になる．$\mathcal{O}(N^2)$は，データ数が数千か数万ぐらいを越えると顕著に完了までの時間が延び始める．単純な実装で$\mathcal{O}(N^2)$かかるような問題の多くに，$\mathcal{O}(N \log N)$で問題を解けるより優れたアルゴリズムが知られているので，よく調べた方がよい．

$\mathcal{O}(2^N)$, $\mathcal{O}(N!)$

ほぼ論外で，実用的なスピードでは動かないプログラムになる．実用的に計算できてもせいぜいNが10か20ぐらいまでで，それを越えると，計算にかかる時間が，数日から数年，数世紀へと一気に増える．なお，一般的にその手のアルゴリズムは再帰呼び出しのテクニックなどを用いて実装されるため，そもそも作るのが難しい．$\mathcal{O}(N!)$になるアルゴリズムとしては，たとえば，ソースコード2.2のような，0〜$N-1$の順列をすべて列挙するプログラムが挙げられる．見通しをよくするためこの実装例は効率的な実装にはほど遠いが，それにしてもNが10を越えるか越えないかぐらいがこのプログラムの実用的な限度で，それ以上ではまず使い物にならない．

将棋や囲碁の最良の次の一手を求めるようなアルゴリズムは，この分類に属する．現実的な時間内に厳密に最良の一手を求めることは不可能なため，ありそうにない手筋の先読みはしないなど，様々な工夫がなされる．同様に，厳密に計算するとこの辺りの時間計算量になってしまうアルゴリズムは，実用的に

ソースコード 2.2　0〜$N-1$の順列をすべて列挙するプログラムの例

```
1  def permutation(n, data = []):
2      if len(data) < n:
3          for i in range(n):
4              if not i in data:
5                  permutation(n, data + [i])
6      else:
7          print(data)
8
9  permutation(6)
```

は，ありそうにないパターンを飛ばしに飛ばして，それなりによい解を求めるといったヒューリスティックな技法が代わりに用いられる．

データ構造の選択の落とし穴　　　　　　　　　　　　　　　　　# Column

実務で起こったというトラブルを参考に作成した，時間計算量が $\mathcal{O}(N)$ になると見せかけて $\mathcal{O}(N^2)$ になってしまうという恐怖のプログラムを紹介しよう．このプログラムはJava言語で書かれているが，ソースコード1.5と同様のデータの平均を求めるプログラムなので，イメージはなんとなくわかってもらえると思う．Java言語には，LinkedListというデータ構造がいつでも使える標準ライブラリに含まれており，データは何でもよいので，10行目〜12行目で $0 \sim M-1$ の乱数を N 個作って dat に格納している．その後，14〜18行目で合計を求めている．

```java
1  import java.util.*;
2
3  public class OrderTest{
4      private static final int n = 100000;
5      private static final int m = 100;
6      public static void main(String[] args){
7          List<Integer> dat;
8          dat = new LinkedList<Integer>();
9
10         for(int i = 0; i < n; i ++){
11             dat.add((int)(Math.random() * m));
12         }
13
14         double total = 0;
15         for(int i = 0; i < n; i ++){
16             int num = dat.get(i);
17             total += num;
18         }
19         System.out.print(total / n);
20     }
21 }
```

一見，何の変哲もないこのプログラムは，データ数が10万個を超える辺りから遅さが気になり始めてしまう．

詳しくは本書の第3章で紹介するが，リスト構造から i 番目の要素を取り出す処理の時間計算量は $\mathcal{O}(i)$ であるため，このプログラムは16行目を1回実行するのにかかる平

均時間が $\mathcal{O}(N)$ になってしまうのである．それが N 回実行されるループの中にあるので，プログラム全体が $\mathcal{O}(N^2)$ というやや警戒を要する時間計算量になってしまっている．なお，Java 言語のライブラリリファレンスマニュアルの「インタフェース List<E>」の項目[3]には，以下のような注意が書かれている．

> 一部の実装 (LinkedList クラスなど) では，これらのオペレーションの実行にはインデックス値に比例した時間がかかる場合があります．

なお，インデックスは添え字のことである．そこで，LinkedList を使うのをやめて，ほぼ同じように使える ArrayList を使うように，プログラムの 8 行目を

```
8         dat = new ArrayList<Integer>();
```

と書き換えれば，問題は解決する．ArrayList の get(i) メソッドは $\mathcal{O}(1)$ である．あるいは，15～18 行目の合計値を求めるループを以下のように書き換えてもよい．

```
15        for(int num:  dat){
16            total += num;
17        }
18
```

この書き換えで，「i を 0 から N まで変えて，i 番目の値を処理する」という処理を「dat に含まれている値を順に処理する」という処理に置き換えることができ，「i 番目の要素を取り出す」という $\mathcal{O}(N)$ かかる処理が省略できる．

---

[3] https://docs.oracle.com/javase/jp/8/docs/api/java/util/List.html など．

章末問題

2-1 下記のフローチャートはどのようなアルゴリズムを表しているか説明せよ．なお，このフローチャートには欠陥がある．どのように直せばよいか答えよ．

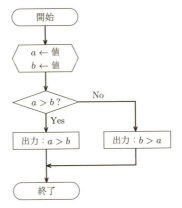

2-2 下記のフローチャートはトリアージ(傷病者の診療や看護を受ける順番を決定する診療前の1つの過程)の際によく用いられるSTART法を表している．フローチャートを基にSTART法の手順を自然言語で説明せよ．

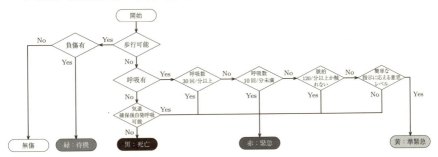

2-3 10000以下のフィボナッチ数列を出力するアルゴリズムのフローチャートを書け．フィボナッチ数は以下の漸化式で定義される．

$$F_0 = 0,$$

$$F_1 = 1,$$

$$F_{n+2} = F_n + F_{n+1} \quad (n \geqq 0)$$

最初の2項が0, 1であるフィボナッチ数列は0, 1, 1, 2, 3, 5, 8, … と続く．

2-4 与えられた正整数nが素数かどうかを判定するアルゴリズムのフローチャートを書け．なお，素数とは，1より大きい自然数で，正の約数が1と自身のみである数である．

2-5 計算量 $T(N)$ が次のような式で表される場合，そのオーダーを求めよ．

(1) $T(N) = N^2 + 2N + 1$

(2) $T(N) = N(N+1)$

(3) $T(N) = N^2 + 2^N$

(4) $T(N) = N^2 + N \log N$

2-6 以下の作業に必要な手数を N のオーダーを用いて表せ．

(1) N 年間分の月ごとの平均気温が古い順に記録されたデータがある場合に，最も平均気温が低かった月を特定する．

(2) N 人分の 100 点満点の試験の点数が低い順に並べて記録されたデータがある場合に，ある特定の点数を取った者がいるかどうかを調べる．

(3) (2) と同じデータに対して，ある特定の点数を取った者の人数を数える．

(4) (2) と同じデータに対して，指定された階級幅で度数分布表を作成する．

2-7 N 段のハノイの塔を解くのに必要な手数のオーダーを求めよ．なお，ハノイの塔とは，以下のようなパズルである．

> **ハノイの塔**
>
> 3 本の柱が並んで立っていて，そのうち 1 本の柱に，大きさの違う N 個の円盤が突き刺さっている．それらすべての円盤を，他の 2 本のうちのいずれかの柱に移したい．ただし，円盤を動かす際には以下のルールに従わなければならない．
>
> - 円盤は一度に 1 枚しか持ち上げられない．
> - 円盤は柱以外のところに置いてはいけない．
> - 円盤を置くときは，より大きな円盤の上に置かなければならない．

ヒント パズルを解く手順としては，N 段のハノイの塔は，$N-1$ 段のハノイの塔を解く手順を用いればよい．上から N 段目の円盤を動かす際に，上から $N-1$ 段分が邪魔でそのままでは動かせないため，いったん，上から $N-1$ 段を余所へよければよい．そのようにして N 段のハノイの塔を解くのに必要な手数を $h(N)$ とすると，$h(N)$ は $h(N-1)$ を用いて表せることから，$h(N)$ を求めることができる．

第 3 章

データ構造：配列とリスト

情報処理の対象となるのは現実世界に存在する様々な形態のデータである．プログラム言語では，これを効率良く格納するための種々のデータ構造が用意されている．

問題に適したデータ構造を採用すれば，処理の効率が高く，保守性の高いアルゴリズムとなる．すなわち，アルゴリズムを開発する第一歩は，適切なデータ構造の選択である．

本章では，コンピュータプログラムで使われる基本的なデータ構造である配列とリストを紹介する．

3.1 処理対象のデータを観察しよう

次節から，いろいろなデータ構造を一つひとつ説明していくが，その前にいったん立ち止まって，現実世界にはどのようなデータがあるのか振り返ってみよう．

図 3.1 は，テレビの録画機の録画予約リストである．予約した番組 1 件ごとに，番組名，チャンネル番号，開始日時，終了日時の項目がある．新しい番組予約を作って一覧に追加することもできるし，あるいは既にある予約を 1 つ選んで削除することもできる．このようなデータはプログラムで処理する際に，どのように格納したらよいだろうか？

たとえば，1 件の予約データをリストと呼ぶことにしよう．このリストには，番組名や日時などの項目が入っている．どこかに先頭のリストというのを用意して，その後ろに列車のようにリストをつなげていくのはどうだろうか？　不

48　第 3 章　データ構造：配列とリスト

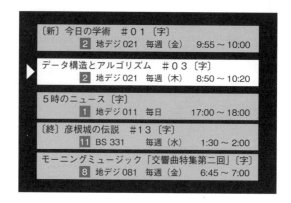

図 3.1　テレビの録画機の録画予約リスト

要なリストは，車両のように編成から外すことができるだろうし，追加したいリストは好きな位置に連結できるだろう．

次の例を考える．表 3.1 は都道府県別の有業率と 1 人あたり国民医療費のデータである．予約録画のデータと違い，追加や削除はないので，件数は 47 個で固定となる．処理すべき対象データは有業率や医療費といった数値データと想定して，それらの平均，分散，相関といった統計的な計算を高速で行うには，どのようにデータを格納したらよいだろうか？

表 3.1　都道府県別の有業率と 1 人あたりの国民医療費

都道府県名	有業率 (%)	人口 1 人あたり国民医療費 (千円)
北海道	55.4	393.6
青森県	57.2	341.7
岩手県	59.0	323.8
宮城県	59.2	309.4
秋田県	55.9	366.6
山形県	59.7	340.0
⋮	⋮	⋮
熊本県	57.7	389.3
大分県	56.9	396.2
宮崎県	58.3	364.6
鹿児島県	56.9	406.9
沖縄県	59.0	313.5

出典：総務省統計局「平成 29 年就業構造基本調査」，厚生労働省「平成 27 年度国民医療費の概況」

たとえば，47個のデータを一つひとつ持ってきて順番に処理するループを回すことにしよう．「北海道」「青森県」といった名前はいったん忘れて，1番目のデータ，2番目のデータ，... と採番しよう．プログラムのループではカウンタを設けて，n回目の処理のときにはn番目のデータを取ってくればよい．有業率や医療費といった項目の名前もいったん忘れて，項目1，項目2といった番号で扱えば，処理は速くなるだろう．つまり，北海道の医療費のデータは，1番目のデータの項目2ということになる．これを簡略化して，DATA[1][2]のような書き方をすると便利である．

3.2 配列

前節の都道府県データを管理するデータ構造は**配列** (*array*) と呼ばれ，基本的なデータ構造の一種である．コンピュータのメモリの中から，連続した番地にデータを格納する要素を並べて置くだけで，配列構造が実現する．配列は決まった数の同じ型のデータだけを管理できるが，高速にアクセスできる利点があるため，プログラミング言語のほとんどは配列を利用できる．

図3.2はシンプルな1次元配列構造のイメージである．図示の配列の名前はnumber，配列のサイズは8である．それぞれの箱は配列の要素といい，配列の先頭から何番目になるかを示す添字と呼ばれる連番が割り振られる．一般的に，添字は0からはじめられることが多く，本書も[0]からスタートする．要素に格納されているデータをアクセスする際，図示のnumber[6]のように配列名と添字で参照することができる．

Java言語における1次元配列の宣言と操作プログラムはソースコード3.1の通りである．1行目で配列の宣言を行い，配列名はnumber，データ型は整数型，サイズは8である．宣言後，配列用のメモリ領域を確保されるが，各要素の中身にあるデータはまだ初期化されていないため，使うとき値を入れて初期化する必要がある．2～4行目でそれぞれ配列要素0, 1, 7に対して値の代入を行っている．

Python言語で1次元配列を利用するプログラムはソースコード3.2である．1行目であらかじめ値の列を代入し作られた配列Numberのサイズは5である．2～4行目でそれぞれ配列要素0, 3, 4に対して値の代入(上書き)を行っている．

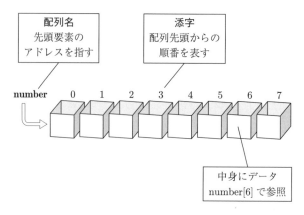

図 **3.2** 1 次元配列の構造

ソースコード **3.1** Java 言語での配列操作

```
1  int number[] = new int[8];
2  number[0] = 3;
3  number[1] = 100;
4  number[7] = -1;
```

ソースコード **3.2** Python 言語での配列操作

```
1  Number = [10, 20, 30, 40, 50]
2  Number[0] = 1
3  Number[3] = 5
4  Number[4] = 6
```

Python では，可変長配列を利用できるため，配列宣言時に明示的に配列長を指定する必要はない．

配列でより複雑なデータを格納することができる．たとえば，経緯度のような 2 次元位置を持つデータを格納するために，図 3.3 のような 2 次元配列を用いることができる．1 次元配列の場合，先頭からの距離を表す添字を指定するだけでよいが，2 次元の場合，行 (y 次元) と番地 (x 次元) を指定する 2 つの添字が必要である．たとえば，図 3.3 では，3 行目 1 番の要素を map[2][0] で，2 行目 7 番の要素を map[1][6] でそれぞれ参照する．

配列の特徴の 1 つは，データ数や配列のサイズに依存せず，添字さえわかれ

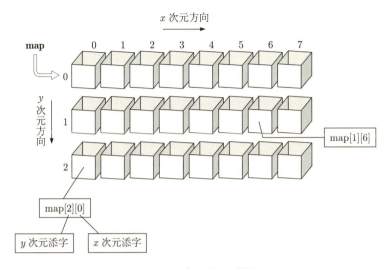

図 3.3　2 次元配列の構造

ば，$\mathcal{O}(1)$ の計算量できわめて高速にアクセスできることである．この性質が便利である一方，要素そのものの増減は困難である．配列は構造上，要素がメモリ上で連続的に配置されているため，連続に保存したデータの途中に新しいデータを挿入する場合，配列の要素数を N とすると，$\mathcal{O}(N)$ の計算量がかかる．図 3.4 のように，挿入箇所以降のデータを 1 個ずつ後ろに移動する上，末尾のデータが押し出されて消える．データを削除する場合，挿入処理と正反対の操作が必要であり，同じく $\mathcal{O}(N)$ の計算時間が必要となる．

　配列には，宣言した個数より多くのデータを入れることはできないため，メモリの有効利用という観点においては難点がある．それは，宣言の際にデータの必要数を正確に予測することである．その数を多くとるとメモリが無駄になり，少なくとるとデータが入りきれなくなる問題が起きる可能性がある．プログラミング言語によっては，そのような場合に配列の長さを変更できたり，可変長の配列を利用できる場合もあるが，そういった処理には配列内のすべてのデータをコピーする必要があるため，処理に時間がかかってしまう．また，2 次元以上の配列を用いる際，使用するメモリの量が飛躍的に大きくなるため，注意を払う必要がある．

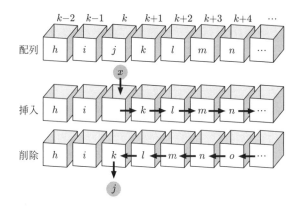

図 3.4　配列要素の挿入と削除

3.3　リンクリスト

3.1 節で述べたテレビ録画機の予約リストは，リンクリストというデータ構造である．

リンクリスト (*linked list*, **リスト**) とは，データを格納した要素をポインタでつないだデータ構造である．配列の特徴と正反対に，リンクリストは個々の要素へ参照する際に計算量がかかるが，挿入や削除などデータの順序を組み替える操作が得意である．図 3.5 はそのイメージである．

ポインタ (*Pointer*) とは，メモリ上の特定の場所をアクセスするために，参照となるものである[1]．

図 3.5 からもわかるように，リンクリストの要素は 2 つの箱からなる．一方の箱はデータの値 (以降，データ部と呼ぶ) を格納する変数で，もう一方の箱は次の要素を指すポインタ (以降，ポインタ部と呼ぶ) を格納する変数である．リストの末尾要素のポインタ部には，**None** という終わりを示す特別なポインタ値を入れる (一般的に斜線で表す)[2]．Python 言語でリンクリストを定義するプ

---

[1] Pascal 言語や C 言語などでは有用な機能である一方，メモリを直接扱えるということは，何らかのミスによってメモリ上の値を意図しない形で変更する可能性があり，ポインタ関連のバグが危惧されている．そのため，Java や Python を含む多くの言語では，ユーザが明示的な形でポインタを操作できなくなった．しかし，ポインタそのものが消えたわけではなく，保護された状態で役割を果たしており，多くのデータ構造ではポインタを利用する．

[2] 言語系によっては，NULL や nil のような表現で終わりを示すものもあるが，本質は None と同じである．

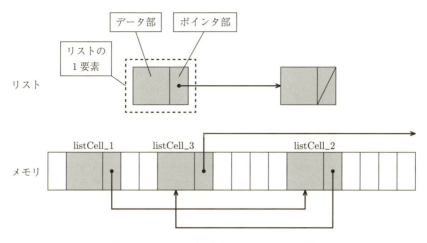

図 3.5 リストの構造とメモリ上での配置

ログラムはソースコード 3.3 である．data はデータを格納する変数で，nextpt は次のリスト要素を指すポインタ (初期値として None を用いる) を格納する変数である．

ソースコード 3.3　Python でリンクリストを定義

```
1  class Llist:
2      def __init__(self, x):
3          self.data = x
4          self.nextpt = None
```

配列では要素がメモリ上の連続した番地に順番に配置されるのに対し，リンクリストは要素単位で管理され，各要素はメモリ上に分散配置される．そのため，リンクリスト中の要素を取り出すには，リンクリストの先頭から順にポインタをたどっていかなければならず，リストの要素数を N とすれば，$\mathcal{O}(N)$ の計算時間がかかる．一方，配列に対してデータの削除や挿入を行う際，それ以降のデータを順番に移動する手間を要するが，リンクリストの場合は，以下にみるようにポインタを付け替えるだけで $\mathcal{O}(1)$ の計算量でできる．

3.3.1 要素の挿入

図 3.6 はリストにある隣接要素 A_1 と A_2 の間に，新たな要素 B を挿入し，$\cdots A_1 \to B \to A_2 \cdots$ の形にするイメージである．要素 A_1 のポインタ部に格納されている要素 A_2 へのポインタを要素 B のポインタ部へ先にコピーし，要素 B へのポインタを要素 A_1 のポインタ部へ代入すれば，挿入処理が完了する．

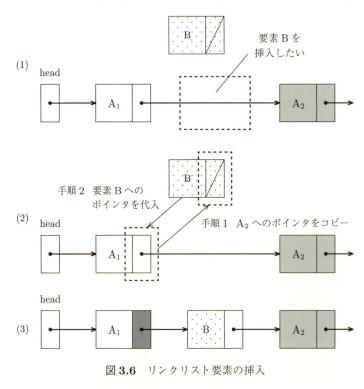

図 3.6 リンクリスト要素の挿入

3.3.2 要素の削除

図 3.7 はリスト中の要素 B を削除する手順を示している．図 3.7(1) に示されるリストでは，要素 A_1 のポインタが要素 B を，要素 B のポインタが要素 A_2 を，$\cdots$ とそれぞれ次の要素を指している．この中の要素 B の前方にある要素 A_1 と後方にある要素 A_2 を連結すれば，要素 B がリストから離脱することになる．そこで，図 3.7(2) にあるように，要素 B のポインタ部を要素 A_1 のポイン

ソースコード 3.4 リンクリスト要素の挿入

```
1  # 要素 A1, A2, B を作成，head -> A1 -> A2 のポインタ設定
2  A1 = Llist(1); A2 = Llist(2); B = Llist(4)
3  head = A1;
4  A1.nextpt = A2   # A1, A2 はポインタを表す
5  # head から2つの要素をたどってデータを表示(出力 1,2)
6  print(head.data, head.nextpt.data)
7  # A1 -> A2 の間に B を挿入する
8  B.nextpt = A1.nextpt
9  A1.nextpt = B
10 # head からリンクリスト要素をたどってデータを表示（出力 1, 4, 2）
11 print(head.data, head.nextpt.data, head.nextpt.nextpt.data)
```

タ部にコピーするだけで，要素 A_1 からたどる次の要素が A_2 となり，要素 B の削除操作が完了する．

さて，リストから外された要素 B はどうなっただろう？ 要素 B へアクセスするためのポインタがもともと要素 A_1 のポインタ部に格納されていたが，上記削除操作の中で，要素 A_1 のポインタ部は上書きされ，要素 B へのポインタが消えた．アクセスできなくなった要素 B はそのままメモリに残れば，無駄が生じるため，Java 言語や Python 言語に付いているガーベージコレクション (*garbage collection*) 機能によって処分される．一方，ガーベージコレクション機能のない言語環境 (C 言語など) であれば，メモリの有効利用の観点で手動で処分する必要がある．図 3.7(1) の要素 A_1 のポインタを一時別の変数で保存し，リストの要素削除処理が終わった後，別途保存されたそのポインタを利用して要素 B のために確保したメモリを解放する．

リスト要素の挿入と削除をする際に各要素へ指すポインタを注意してほしい．各要素への唯一のアクセス手段のため，要素を連結する手順を誤れば，ポインタが失われる可能性があり，その場合，リストの連結ができなくなる．

ソースコード 3.5 リンクリスト要素の削除

```
1  # A1 -> B -> A2 から B を削除する
2  A1.nextpt = B.nextpt
3  # B が削除されて head -> A1 -> A2 なので、1, 2が出力される
4  print(head.data, head.nextpt.data)
```

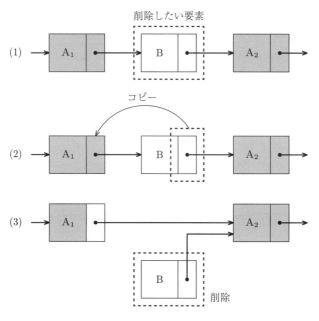

図 3.7 リンクリスト要素の削除

3.3.3 データ参照

図 3.8 は一般的なリストにおけるデータを探索する方式を示している．head にリストの最初の要素を指すポインタを格納しており，ここから 1 個ずつ探索し，それぞれの要素のデータ部を照合する．各要素へ指すポインタを特別に保存しない限り，先頭から芋づる式で探索するしかない．最悪の場合はリストの末尾まで，また平均的にもリストのおよそ半分程度までリンク先をたどっていくことになる．そのため，リストの要素数を N とすれば，while 文のループ回

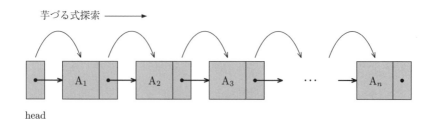

図 3.8 データを探索

数は最大で N 回，平均値でも $N/2$ 回になる．この結果から，リストの探索に要する時間計算量は最大，平均ともに $\mathcal{O}(N)$ であることがわかる．

ソースコード 3.6　リンクリストからデータを検索

```
1  def search(pt, target):
2      while pt:    # ポインタ変数 pt の中身が None でないかぎり
3          if pt.data == target:    # pt.data が検索対象に該当すれば
4              return pt    # pt を戻す
5          pt=pt.nextpt    # 3行目で検索対象に該当しなければ，
                            # pt を書き換え，ポインタを次の要素へ移動
6      return None    # リストの最後までも該当がなければ，None を戻す
7
8  val1 = search(head, 2)    # リストに 2 が存在，val1 = 2
9  val2 = search(head, 4)    # リストに 4 は存在しない，val2 = None
```

プログラムを書くときにはデータ構造の扱いに注意しよう　　# Column

　同じデータであっても，用いるデータ構造によって各種操作の計算量が異なる．
　配列はランダムアクセスが可能になる原因は，個々の要素の添字と位置の関係が固定しているからである．その反面，途中に挿入したり削除したりする場合には，全要素をずらす必要が生じる．要素単体のサイズは配列の方が小さい．リストの各要素に次の要素を指すポインタを格納する場所を余分に用意する必要があるため，要素ごとのメモリ使用量は配列より大きい．しかし，配列では，対象とするデータすべてを格納できる長さをあらかじめ宣言しなければならない．データがあふれると深刻な問題が発生するから，大きめに宣言される傾向がある．この理由から，データの数が正確に予測できない場合，配列を使う利点が少ない．
　一方，リストを利用する場合，要素を生成するたびにメモリ請求を行うため，あらかじめ上限を決める必要なく，必要に応じて伸縮できる利点がある．リストは個々の要素のメモリ上の位置を固定せずに，新しい要素を生成する都度にメモリを請求するため，保存場所が散らばる．それぞれの保存場所を示すポインタも芋づる式につなげられているため，ランダムアクセスはできない．しかし，特定のポインタを書き換えるだけで，データ同士の相対的な位置関係を簡単に変えられるため，挿入や削除の操作負担が小さい．
　実用的なプログラミング言語の多くでは，より多機能なデータ構造を利用できる．たとえば，前のコラムで紹介したように，Java 言語では，通常の配列の他に，ArrayList や LinkedList などが利用できる．いずれも，配列とリストの両方の機能を持たせたハイブリッドな仕組みであり，LinkedList は本章で説明したリストそのものであり，ArrayList は配列にリストが得意とする機能を付与したものである．データを要素ごとに削除・挿入したり，格納できる要素数を増やしたりもできるが，必要に応じてデータの探索やコ

ピーが自動的に行われる仕組みになっており，ArrayList の途中に要素を追加する処理や，LinkedList の途中の要素を参照する処理には，要素数を N とすると $\mathcal{O}(N)$ の計算量がかかってしまう．プログラムのソースコードは，どちらを使ってもほとんど同様に書けるため，いずれかを用いて実装したプログラムを，他方を使うように変更する修正は簡単に行える．

また，Python 言語では，最も基本的な配列が list と名付けられているが，これは本章で紹介したリストではなく，Java 言語の ArrayList と同様の実装となっている．一方，高速な行列演算や大規模な多次元配列などを必要とする場合，配列機能を提供する NumPy というライブラリが使用でき，list よりも速い速度で演算できる．

```
1  # 配列操作 (Python 言語)
2  import numpy
3  mylist = numpy.array([1,2,3])
4  print(mylist[1])
```

例題 3.1 表 3.2 はある仮想的なコンピュータのメモリ空間を示す．行名および列名はそれぞれメモリアドレス (以下アドレスと書く) の 3 桁目および 1, 2 桁目を表す．たとえば，一番左上のセルは「100」行「01」列なのでアドレスは 101 であり，値 2 が保存されている．一番右下のセルは「600」行「12」列なのでアドレスは 612 であり，値 601 が保存されている．保存される値は正の整数であり，0 あるいは負の値は特別な意味を有する記号として認識される．

このメモリ空間には配列と連結リストが保存されている．

配列の場合，データは連続するアドレスに保存され，配列の終端記号として 0 が保存されている．たとえば，アドレス 101 から始まる配列にはアドレス 101〜104 まで 4 つのデータ [2, 4, 6, 8] が保存されており，アドレス 105 の値 0 がその終端を示している．

連結リストの場合は，各要素はデータ部 1 つとポインタ部 1 つの 2 つのデータで構成されている．たとえば，アドレス 301 から始まる連結リストをたどると，最初の要素は (10, 303) であり，データが 10，ポインタが 303 となる．ポインタ 303 は次のデータ要素 (20, 401) のアドレス

を指している．同様にポインタをたどっていくと，(30, 403), (40, 111), (50, 0) となり，ポインタが 0 となる時点で連結リスト終端となる．つまり，301 から始まる連結リストのデータは [10, 20, 30, 40, 50] となる．

(1) ある配列 A がアドレス 306 を先頭に定義されている．この配列のデータを述べよ．
(2) ある連結リスト L がアドレス 501 を先頭に定義されている．この連結リストのデータを述べよ．
(3) 配列 A の 4 番目の要素の値を取得するためには，メモリの値を読み込む動作を何回行う必要があるか述べよ．
(4) 連結リスト L の 4 番目の要素の値を取得するためには，メモリの値を読み込む動作を何回行う必要があるか述べよ．
(5) 配列 A の 3 番目のデータとして 12 を挿入するためには，メモリの値をどのように書き換えればよいか述べよ．
(6) 連結リスト L の 3 番目のデータを削除するためには，メモリの値をどのように書き換えればよいか述べよ．

表 3.2 ある仮想的なコンピュータのメモリ空間

	01	02	03	04	05	06	07	08	09	10	11	12
100	2	4	6	8	0	35	108	42	201	−1	50	0
200	49	611	−1	789	−1	−1	−1	−1	−1	−1	−1	−1
300	10	303	20	401	583	5	10	15	20	25	0	−1
400	30	403	40	111	−1	163	−1	831	832	833	834	−1
500	7	503	14	505	21	507	28	106	−1	−1	−1	−1
600	63	0	−1	−1	123	124	125	126	−1	−1	56	601

解答

(1) [5, 10, 15, 20, 25]．
(2) [7, 14, 21, 28, 35, 42, 49, 56, 63]．
(3) 1 回 (A のアドレス 306 に 4 − 1 = 3 を足したアドレス 309 から読み込めばよい)．
(4) 4 回 (先頭要素のポインタを読み，要素 2 のポインタを読み，要素 3 のポインタを読み，要素 4 のデータを読む)．

(5) アドレス 308〜312 の値を 12, 15, 20, 25, 0 に書き換える．配列にデータを挿入すると，その後ろのデータをすべて移動させる必要がある．

(6) アドレス 504 の値を 507 に書き換える．連結リストのデータ削除は 1 カ所のポインタを書き換えるだけで済む．

3.4 文字列

この節では，配列の応用として特によく使われる**文字列**について紹介する．まず，コンピュータ上で文字を扱う場合，様々な文字に対して割り当てられた通し番号のような**文字コード**を用いて表現する．たとえば，「デ」なら 12487，「ー」なら 12540，「タ」なら 12479 という具合に文字コードが割り当てられていて，そのように扱うという共通のルール (**仕様**) の下で世界中のコンピュータが設計されている．

以前はコンピュータの性能が低かったため，よく使われる最小限の文字だけを集めて文字コードを割り当てて使っていた．日本語用，中国語用，韓国語用，ロシア語用など言語ごとに異なる割り当てが行われ，同じ番号でもどの言語用のデータなのかによって異なる文字を指すことがあり，不便が多かった．現在は，地球上のすべての文字を網羅することを目指した **Unicode** が主に使われており，その手の不便は減ってきている[3]．

さて，文章や単語などの自然言語をコンピュータ上で扱う場合には，図3.9のように配列に文字コードを順に格納した文字列を用いて扱う．ただし，Python 言語や Java 言語の場合には文字列を扱うための専用のデータ構造が用意されていて，それを用いる．C 言語など，プログラミング言語によっては単なる配列を用いるが，その場合でも文字コードが格納された配列を，文字列という特殊なものとして扱うための仕組みが別途用意されている．文章や単語を配列に格納するとどのようなことができるのかをいくつか紹介しよう．

---

[3] 自然言語だけではなく，映画や小説に登場する架空の言語用の架空の文字でも，著名なものについては網羅対象となっている．

3.4 文字列

添え字	:	0	1	2	3	4	6	7	8
文字コード	:	12487	12540	12479	12469	12452	12456	12531	12473
文字列の内容	:	デ	ー	タ	サ	イ	エ	ン	ス

図 3.9　文字列：文字が格納された配列

UTF-8　　　　　　　　　　　　　　　　　　　　　　　　　　　　# Column

　文字列を「文字コードを格納した配列」と説明したが，実際にはもう少しややこしいことになっている．Unicode では大量の文字を区別するため，下の図の左側のように，1文字ごとに 32 ビット (4 バイト) が必要になる．これでは 00000000 が多く，メモリの無駄になるため，その部分を省略して詰め込む，**UTF-8** というエンコーディングが広く用いられている．

　UTF-8 を使うと，半角のアルファベットなどは 1 バイト，多くの日本語の文字は 3 バイトで記録でき，データ量の削減になる．ただし，1 文字あたりのバイト数が文字によって違うため，普通の配列のように，n 文字目と指定されたときに，それがメモリ上のどこに格納されているかを瞬時に計算することはできなくなる．

　なお，Python 言語のバージョン 3 以降など，よく使われるプログラミング言語では，このような UTF-8 で記録された文字列でも n 文字目と指定すれば指示通り n 文字目として処理してくれるので安心されたい[4]．

添え字	文字コード	文字
0〜3	00000000 00000000 00000000 01000100	D
4〜7	00000000 00000000 00000000 01000001	A
8〜11	00000000 00000000 00000000 01010100	T
12〜15	00000000 00000000 00000000 01000001	A
16〜19	00000000 00000001 11110100 10010110	♡
20〜23	00000000 00000000 00110000 10110101	サ
24〜27	00000000 00000000 00110000 10100010	イ
28〜31	00000000 00000000 00110000 10101000	エ
32〜35	00000000 00000000 00110000 11110011	ン
36〜39	00000000 00000000 00110000 10111001	ス

添え字	UTF-8	文字
0	01000100	D
1	01000001	A
2	01010100	T
3	01000001	A
4	11110000	
5	10011111	
6	10010010	♡
7	10010110	
8	11100011	
9	10000010	サ
10	10110101	
11	11100011	
12	10000010	イ
13	10100100	
14	11100011	
15	10000010	エ
16	10101000	
17	11100011	
18	10000011	ン
19	10110011	
20	11100011	
21	10000010	ス
22	10111001	

- 図中の文字コードは 2 進数で表記している．
- 図中の濃い灰色で示した部分は UTF-8 の仕様で定められたそのバイトの役割を表す特殊なパターンで，その他の部分に左の図の文字コードが細切れに詰め込まれている．

---

[4] JavaScript など，一部の文字が上手く処理されないプログラミング言語もあるため注意が必要．

3.4.1　文字列の比較

　文字列の操作としてよく使われるものに，2つの文字列が一致するかどうかの判定と，多数の文字列を辞書順 (あいうえお順) にソートする作業が挙げられる．まず，文字列の一致判定は，2つの文字列を最初の文字から順に見ていって，最後の文字まで一致するかどうかを比べればよい．辞書順にソートする場合は，1章で見たソートアルゴリズムを使えば，2つの単語のどちらが辞書順で先かを判定できれば事足りる．たとえば，「データ」と「サイエンス」なら，「デ」よりも「サ」の方が辞書順で先に来るので，「サイエンス」の方が辞書順で先になる．「データ」と「デート」なら，「タ」の方が先なので「データ」が先になる．その名の通り辞書を引く際に，なんとなく日常的に使っている辞書順ではあるが，その定義をきちんと言葉で説明できるだろうか？　そして，そのやり方をアルゴリズムとして説明できるだろうか？

> **例題 3.2**　文字列を格納した変数 a と b があったとき，a の方が辞書順で先になる場合に a is earlier と表示するプログラムを Python で書いてみよう．なお，それぞれの文字列の長さは $\text{len}(a)$, $\text{len}(b)$ で取得でき，1文字同士の辞書順は比較演算子で判定できる．すなわち，a の i 文字目の文字が b の j 文字目の文字 (配列と同様，いずれも先頭の文字を 0 文字目とする) よりも辞書順で先になる場合に $a[i] < b[j]$ が成立する．
>
> **解答**　以下のようなプログラムで実現できる．
>
> ```
> 1  a = 'apple'
> 2  b = 'banana'
> 3  i = 0
> 4  while True:
> 5      # print(a[i], b[i], i)
> 6      if i == len(a) and i == len(b):
> 7          break
> 8      if i == len(b):
> 9          break
> 10     if i == len(a):
> 11         print("a is earlier")
> ```

```
12            break
13        if a[i] < b[i]:
14            print("a is earlier")
15            break
16        if a[i] > b[i]:
17            break
18        i += 1
```

　まず，最初の文字から順に繰り返すために 3 行目で変数 i を 0 に初期化し，4 行目からの while ループを 18 行目で i を 1 ずつ増やしながら繰り返す．このループは，i 番目の文字が等しい間は繰り返し続けるように設計している．両方の文字列の最後に同時にたどり着いた場合には，a と b は等しかったことがわかる (6, 7 行目)．b の文字列の最後に先にたどり着いた場合には，b の方が辞書順は先になる (8, 9 行目．6 行目で両方の文字列の最後にたどり着いた場合を排除しているので，ここでは b の長さだけをチェックすればよいことに注意)．同様に，a の文字列の最後に先にたどり着いた場合には，a の方が辞書順は先になるので，その旨を表示する (10〜12 行目)．最後に，i 番目の文字の辞書順を比較して $a[i]$ の方が先であれば，文字列全体としても a の方が先だと確定する (13〜15 行目)．$b[i]$ の方が先であれば，文字列全体としても b の方が先だと確定する (16, 17 行目)．そして，i 番目で決着がつかなければ，i を増やして次以降の文字を比較していく．

　なお，Python 言語では，文字同士だけではなく，文字列同士の辞書順比較も比較演算子でそのまま行えるため，実用的には例題 3.2 のようなプログラムを書く必要は少ない．ただし，一般的に，文字列の辞書順比較には次のコラムのような罠があることに注意しよう．

辞書順の罠 1　　　　　　　　　　　　　　　　　　　　　　　　　　# Column

比較演算子などで便利に使える辞書順比較だが，実際には辞書順ではなく，**文字コードが小さい順**であることに注意が必要である．たとえば，以下のようなプログラムを実

行してみよう．アルファベット順に表示されることを期待していると，期待を裏切られることになる．

```
1  items = ["Alice", "banana", "Cathy", "doughnut"]
2  items.sort()
3  print(items)
```

sort( ) は，リストの内容を小さい順 (文字列の場合は辞書順) に並べ替えるメソッドだが，このプログラムを実行すると，['Alice', 'Cathy', 'banana', 'doughnut'] のように表示されてしまう．実は文字コードは，一部の記号，数字，アルファベットの大文字，アルファベットの小文字，残りの記号，… という順番に番号が振られている．そのため，文字コードで比較すると，あらゆる大文字のアルファベットは，あらゆる小文字のアルファベットよりも値が小さくなるのである．

また，文字コードの割り当ての日本語の部分も，ひらがな，カタカナ，より頻繁に使われる漢字，あまり使われない漢字，のような順に並んでいるため，同じようなことを試すと，[' いちじく'，' えんどうまめ'，' アップル'，' ウリ'] というような順序にソートされてしまう．これを正しく辞書順にソートしようとする場合には，アルファベットならすべてを小文字に変換してから，日本語ならすべてをひらがなに変換してからソートするなどの工夫が必要となる．

なお，漢字は常用漢字の範疇ではおおむね音読みの順に並んでいるが，音読みが複数ある漢字などもあるため，予想通りになることは期待できない．そのため，漢字を含んだデータを確実に辞書順にソートしたい場合は，データの各項目を振り仮名と共に記録するようにするしかない．

辞書順の罠 2　　　　　　　　　　　　　　　　　　　　　　　　　　# Column

取り続けたデータを日ごとに整理して保存しておくなど，ファイル名などに日付を入れる場面はかなり多い．その際に，下記の左側のようにしてしまうと，困ったことになる．

2018-1-10.log	2018-1-10.log	2018-01-10.log
2018-3-8.log	2018-12-20.log	2018-03-08.log
2018-3-10.log	2018-3-10.log	2018-03-10.log
2018-12-20.log	2018-3-8.log	2018-12-20.log

これらのファイル名を辞書順で比較してソートすると，真ん中のような並びになってしまう．たとえば，2018/3/10 と 2018/11/20 の分を比べると，前から 6 番目の文字が「3」と「1」で，「1」の方が先になるため，12 月が 3 月よりも先にリストアップされてしまう．これを避けるには，右側のように 1 桁の数字も先頭に「0」を補って 2 桁分にするとよい．そのようにして桁数を揃えておけば，辞書順のソートと数値の大小順のソートの

3.4 文字列   65

結果が一致するようになる．連番のデータが1000番まであるような場合も同様で，「1」，「2」，「1000」なら，「1」，「1000」，「2」という順序に並んでしまう．「0001」，「0002」，「1000」と「0」を必要なだけ付けて桁数を揃えておけば問題ない．

なお，最近では，「0」を補っていないようなデータでも，左端のような順序で正しく表示してくれるアプリケーションが多い．そういうものは，アプリケーションを使うユーザがなるべく便利な思いをするようにと，アプリケーション制作者がただの辞書順ではないソートプログラムをわざわざ組み込んでいるのである．やり方のアイデアとしては，文字列を数字の部分とそれ以外に分解して，数字以外の部分は1文字ずつ辞書順に，数字の部分は何桁続いていても1つの数字として比較していくという方法がある．

3.4.2 文字列の検索

頻繁に使われるもう1つの文字列に対する操作は，**検索**である．検索では，長い文章中に特定の検索語が含まれているかどうかと，含まれているならどこに含まれているかを調べる．検索の実装は簡単そうにみえて意外と奥が深い．

まず，素朴な実装としては，文章の最初から順に検索語と一致するかどうかを調べていけばよい．文章を S，検索語を W，S の長さを n，W の長さを l とする．i を 0 から始めて 1 ずつ増やしながら，S の i 番目から $i+l-1$ 番目までの文字列が W と一致するかどうかを調べていけばよい．このアルゴリズムの時間計算量は $\mathcal{O}(ln)$ となる．

より時間計算量が小さなアルゴリズムも知られており，ここではアイデアのさわりの部分だけを紹介する．**KMP法** (Knuth-Morris-Pratt法．いずれも発明者の人名) は，検索対象と検索語が途中まで一致した場合に，「途中まで一致した」という情報を使って，データを上手く読み飛ばしていく手法である．たとえば，「ABCDXYZSTU…」と続く文章から，「ABCDEF」という検索語を探す場合を考える．まず，検索を始める前に検索語を分析して**部分一致テーブル**と呼ばれる表を作っておく．この表の詳細や作り方は本書では割愛するが，以下のような読み飛ばしに使えるように表は作られる．

まず，最初の4文字は一致するが，5文字目の「X」と「E」が食い違っているのでそこで最初の比較は止まる．ここで，部分一致テーブルには，検索語の2文字目から4文字目 (すなわち「BCD」) には「A」は含まれていないという分

析の結果が記録されている．そして，文章と検索語は4文字目まで一致したのだから，文章の方の2文字目から4文字目までにも「A」が含まれていないことが明らかである．ということは，文章の2〜4文字目から始まる部分が「A」から始まる検索語と一致することはあり得ない．そこで，文章のその部分は読み飛ばして，5文字目から検索を再開する．この方法では，時間計算量が $\mathcal{O}(l+n)$ となることが知られている．

他にも，BM法 (Boyer-Moore法．同じく発明者の人名) など，様々なアルゴリズムが考案されている．それぞれ仕組みを完全に理解して効率的に実装するのは比較的難しいので，必ずしも自力で実装できる必要はない．各種のプログラミング言語には，そういった複雑なアルゴリズムで高速に検索してくれる機能が搭載されているので，それらを使えばよい．うっかり，計算量が $\mathcal{O}(ln)$ となる非効率なアルゴリズムのプログラムを自作しないように注意されたい．

正規表現 # Column

さらに柔軟に文字列の検索を行いたい場合には，**正規表現**がとても便利である．正規表現を使った検索を用いると，検索文字列の中にどんな文字とも一致するワイルドカードなどを指定できる．たとえば，「`dat.`」で正規表現に対応した検索を行うと，「`.`」は任意の1文字と一致するとみなされるので，dataやdateなどをまとめて検索できる．「`s.*e`」とすると，scienceやsceneなど，sで始まってeで終わる任意の単語にヒットする．「`[0-9]+月[0-9]+日`」とすると，1月10日や12月3日など，日付について言及している部分を見つけ出せる．

なお，正規表現を用いた検索アルゴリズムの理解には**有限オートマトン**といった情報数学の基礎知識が必要となるため，ここでは解説は控える．正規表現は，プログラミング言語以外でも，テキストエディタなどで文書中の表現を一括して修正したい場合など，応用範囲が非常に広い．アルゴリズムの理解はせずとも，使い方を把握すれば様々な作業を省力化できる．下に挙げたのは正規表現で使える表記のごくごく一部でしかない．一度，参考書などで学習しておくことを強く勧める．

.	任意の1文字
[複数の文字]	複数の文字の内のいずれか1文字．ハイフン「-」を使って範囲指定もできる
*	直前の文字の0回以上の繰り返し
+	直前の文字の1回以上の繰り返し

3.4.3 文字列の類似度

最後に，複数の文字列の**類似度**の考え方について紹介する．類似度は2つの文字がどれぐらい似ているかを数値的に表現したもので，様々な考え方がある．文字列の類似度は，剽窃の検出やスペルミスの修正などいろいろなデータ処理に役に立つ．

まず，単純な類似度の基準として**ハミング距離**（*Hamming distance*）が挙げられる．これは2つの文字列を最初から1文字ずつ比べていって，異なっている文字の個数を数え上げたものである．「data」と「date」なら，最後の「a」と「e」が違うので1になる．

ハミング距離は実用的な用途には単純すぎる場合が多い．たとえば，「science」を「sience」とスペルミスしたとしよう．辞書に載っていないこの単語をどう修正すべきだろうか？　辞書に載っているなるべく似通った単語を修正候補として挙げてみよう．たとえば，「science」の他に「scene」などが考えられる．この2つの単語の類似度を見るためハミング距離を求めてみると図3.10のようになる．一致しないところを表す「×」の個数がハミング距離になるので，「scene」なら3，「science」なら6で，「sience」は「scene」により近いことになる．

こういった用途に対してはより適した尺度も考案されており，**編集距離**（*edit distance*）はその代表である．編集距離はある文字列から別の文字列まで，**1文字を削除する**，**1文字を挿入する**，**1文字を別の文字に置換する**の3種類の操作を使って変形する場合に必要となる，最小の操作回数として定義される．回数が最小になるような手順が複数ある場合も存在し，その場合はどれでもよい．

たとえば，先ほどの「sience」と「science」なら，「c」を挿入すれば変形できるので編集距離は1となる．このように一目見て自明でない場合でも使える一般的な編集距離の求め方のアイデアを「sience」と「scene」の例で説明する．まず，図3.11のような図を考える．図中の「␣」はカーソル位置で，図の上側に

```
s i e n c e          s i e n c e
s c e n e            s c i e n c e
○ × ○ ○ × ×         ○ × × × × × ×
```

図 3.10　スペルミスとハミング距離

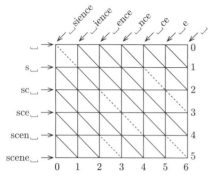

図 3.11 編集距離の求め方

表 3.3 左上から各交点までの距離

	0	1	2	3	4	5	6
0	0	1	2	3	4	5	6
1	1	0	1	2	3	4	5
2	2	1	1	2	3	3	4
3	3	2	2	1	2	3	3
4	4	3	3	2	1	2	3
5	5	4	4	3	2	2	2

は編集元の文字列を先頭から1文字ずつ削除した文字列が，左側には編集先の文字列を1文字ずつ追加した文字列がそれぞれ並んでいる．この図の各交点は，文字列の編集中の状態を表していて，真左の文字列と真上の文字列をカーソルの位置で繋いだ状態を意味する．下側と右側の数字を交点の座標として，たとえば，(3,2) の交点なら，真左が「sc␣」で真上が「␣nce」なので，それらを繋いで「sc␣nce」という編集中の状態を表す．同様に，左上隅の (0,0) が「␣sience」で，右下隅の (6,5) が「scene␣」になる．

この図の意味をよく考えると，交点から隣の交点への右方向の移動は，カーソル直後の1文字を消すことを表すことがわかる．たとえば，(3,2) の右隣の (4,2) は，「sc␣ce」で，「sc␣nce」からカーソル直後の「n」が削除された状態になっている．同様に，下方向の移動は1文字の追加を表す．斜め下方向は，カーソル直前の文字とカーソル直後の文字が同じなら，カーソルを動かすだけで文字の追加や削除は必要がない．そのような場所には図中には破線で斜め線を引いてある．それ以外の斜め下への移動は，カーソル直後の文字を削除してカーソル直前の文字を挿入すればよく，これは置換操作1回に相当する[5]．

以上より，この図の左上の (0,0) の点から右下の (6,5) の点までの最短経路を考えると，それが編集距離になることが知られている[6]．ただし，実線の部分

---

[5] 1回の操作での文字の置換は許可せずに，削除と挿入の2回の操作として編集した場合の編集距離などのバリエーションもある．

[6] 正確には，ここで紹介した方法で編集距離が求まることを示すためには，いくつかの補題を証明する必要があるが，本書では割愛する．たとえば，ここで紹介した方法では，最初に文

は縦線も横線も斜め線も，交点から隣の交点までの移動に 1 の手数がかかると考える．破線の部分は編集なしに移動できるので，手数は 0 である．

複雑な地図の上での最短経路を求めたい場合には，第 9 章で紹介する幅優先探索などを用いる必要があるが，地図がこのように単純な構造をしている場合は，交点ごとに順に距離を求めていけばよい．実際に求めると，表 3.3 のようになる．表の上端の行と，左端の列は $(0,0)$ からの最短経路が自明なのですぐに決まる．それ以外の部分は，上隣，左隣，左上隣の値から求まるので，順に埋めて行けばよい．具体的には，上隣，左隣から 1 手か，左上隣から斜め線が実線なら 1 手，破線なら 0 手増やしたもののいずれかが，その地点への最短距離になる．

このように，部分問題の計算結果を記録しながら順次計算していくアルゴリズムは**動的計画法** (*Dynamic Programming*) と呼ばれ，様々な問題を高速に解くアルゴリズムによく現れる．なお，編集距離を求めるこの例では，表の n 行目を求めるときには，$n-1$ 行目の情報しか使わない．そのため，このアルゴリズムは表の全部をメモリ上に確保する必要はなく，いま計算している行と，1 つ前の行の 2 行分のメモリを確保すれば事足りる．

さて，「sience」と「science」の編集距離は 1 で，「sience」と「scene」の編集距離は 2 と求まった．編集距離が近い単語からスペルミスしたのだろうと判定すると，より合理的な判定ができそうだと期待できる．他にも，編集距離は，ソフトウェアのソースコードに改良が加えられた場合にどの部分が改良されたのかを検出したり，DNA の類似度から種の分類に使ったりと，非常に応用範囲が広い．

字列の末尾に何かを追加する，などといった手順は検討しないため，ありとあらゆる編集方法を網羅的にチェックできるわけではない．

章末問題

3-1 100万個の数字をコンピュータで整列したい場合，データ構造として，リンクリストと配列のどちらを選ぶべきか理由とともに答えよ．

3-2 1台ずつ駐車場に入構する車両の情報をコンピュータで記録するには，リンクリストと配列のどちらを選ぶべきか理由とともに答えよ．

3-3 繰り返し文と input 文を用いて，−1 が入力されるまで数値をリストに読み込み，入力終了後，最大値，最小値，総和，平均値を表示してみよ．
　ヒント　リスト中の最大値，最小値，総和，長さを求める関数 max(リスト)，min(リスト)，sum(リスト)，len(リスト) を使うと簡単に解ける．

3-4 3.3節で示したリンクリストは次の要素への片方向ポインタのみ保持している．この場合，現在の要素から前の要素へのアクセス（後戻り）ができない．3.3節のソースコード 3.3 を元に，前の要素へのポインタを付けよ．また，ソースコード 3.6 を元に，検索した target の前に要素があれば，それを削除するプログラムを作成せよ．

3-5 Pythonでは，文字列の辞書順比較を，比較演算子 >，<，>=，<= で行える．また，リストと同様に文字列の後ろに [添え字] と付けると，文字列から添え字で指定した場所の1文字を取り出し，ord(文字) とするとその文字の文字コードを表す整数値が得られる．

```
1  word = 'りんご'
2  print(ord(word[0]))  # 'り' の文字コードの 12426 が表示される
3  print(ord(word[1]))  # 'ん' の文字コードの 12435 が表示される
4  print(ord(word[2]))  # 'ご' の文字コードの 12372 が表示される
```

　様々な文字列に対して，辞書順の比較結果と文字コードの関連性を確かめてみよ．

3-6 文字列が格納された2つの変数 a と b が与えられたとき，それらのハミング距離を計算するプログラムを書け．文字数が同じと仮定してもよいし，文字数が違う場合は，超過・不足する部分は一致しないとみなしてもよい．

3-7〔難〕　入力された2つの文字列の編集距離を求めるプログラムを書け．

第4章
データ構造：スタックとキュー

配列やリストに格納されたデータはいつでも好きなときにプログラムがアクセスできる．一方で，データの格納や取り出しの順番に根差したデータ構造がある．スタックとキューはその代表である．

データの出し入れの位置や順番に制約を設けることは，一見余計なことのように思われる．しかし，目的によっては大変有用なデータ構造となる．たとえば，コンピュータのプロセス管理，ジョブ管理やコンパイラなどにおいて，なくてはならない機能を提供している．

4.1 処理対象のデータを観察しよう

次節から，スタックとキューについて説明していくが，その前にいったん立ち止まって，現実世界には，処理の順番に根ざしたデータとしてどのようなものがあるのか考えてみよう．

図 4.1 は，あるレストランの厨房での光景である．

図 4.1　あるレストランの厨房の光景

ホール係がとってきた客の注文は，1件ごとに注文票に書かれ，ホルダーにすでに吊るされている注文票の右側に吊るされていく．料理係は，1件の料理が済んだら，ホルダーの一番左の注文票を取り出して次の料理に取り掛かる．そのとき，ホルダーの注文票を全体に1つずつ左にずらすのを忘れないようにしておく．このようにすれば，客の注文は，注文の順番どおりに調理される．後から頼んだ客の注文が先に処理されるようなことは絶対に起こらない．

さて，ホルダーに注文票がたくさん吊るされる状況はどういうときに起こるのだろうか？　客からの注文が殺到しているか，あるいは料理係の仕事が遅いかのどちらかだろう．反対に，ホルダーに注文票がほとんど溜まらないという状況は，客からの注文の頻度が少ないか，あるいは料理係の仕事が速いということだろう．

このような状況は，プログラムの世界でも起こるだろうと想像できる．ホール係と料理係のように，2つのプログラムが同時に動いていて，その間をデータが流れているケースである．両者の処理速度はバラバラで，あるときは一方が速く，他方が遅い，そして逆もありうる．そのようなときに，注文票ホルダーのようなデータの持ち方が必要になってくるだろう．このようなデータの保存・取り出しおよび処理順序はコンピュータデータ構造の1種，キューと呼ばれる．

次に，スタックの例を考えよう．図 4.2 は，A 地点を出発して目的地に向かい，帰りは来た道を戻る行程を表している．

ただし，A 地点を出発するときには，次の目的地は B 地点だということを知っ

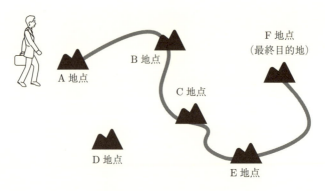

図 4.2　ある観光者の行程

ているだけで，最終的な目的地は知らない．B 地点には，そこが最終目的地であるか否か，否ならば次の目的地 (たとえば C 地点) が書いてある．それに従って C 地点に行く．以下同様に繰り返すという行程である．大事なことは，たどり着いた目的地が，最終目的地だとわかったときには，ちゃんと逆順で戻れるようにすることである．そのためにどのようにデータを持ったらよいだろうか？

たとえば，次のようにしてはどうだろうか．A 地点を出発するときには，「A 地点」と書いたカードを箱に入れる．B 地点を出発するときには，「B 地点」と書いたカードを，最後に入れたカードの上に置く．これを繰り返していく．最終目的地から戻るときには，一番上のカードを 1 枚取り出し，書いてある地点に向かう．その地点に着いたら，またさらに 1 枚取り出す，ということを繰り返せば，帰路の逆順で A 地点に戻ることができる．(図 4.3)

このデータの保存・取り出しと処理順序はコンピュータデータ構造の 1 種，スタックと呼ばれる．

別の例を考えよう．いま，革袋にいろいろな金額のコインが入っている．あなたの仕事は，コインの平均の金額を計算することである．この場合の処理は，革袋から 1 つコインを取り出し，そのコインの金額を，この時点までの合計金額に加算する．そしてコインの枚数のカウンタを 1 つ増やす．革袋からコインがなくなったら，合計金額をコインの枚数で割り算して，平均の金額を出す，と

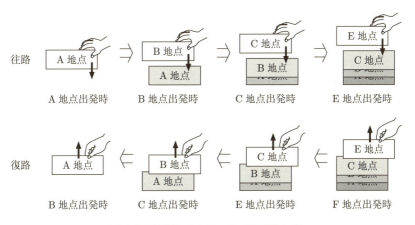

図 **4.3** 経過地点をカードで表現する例

いうことでよい．

　ここで，少し特殊なケースを考えよう．図 4.4 のように，革袋の中に少し小さい革袋が入っていることがある．

　この小さい革袋は 1 枚のコインのように扱わなくてはならないとする．すなわち，小さい革袋は中のコインの金額の平均を額面とする 1 枚のコインとみなさなければならない．

　この場合，処理は少し複雑になってくる．革袋から 1 つずつコインを取り出しつつ，前述の処理をするのだが，コインだと思って取り出したものが小さい革袋であれば，それまでの処理をいったん中断して，小さい革袋の中のコインの金額の平均を求める処理を開始しなければならない．さらには，その小さい革袋の処理の最中に，さらに小さい革袋が入っているかもしれない．そのときはそれまでの処理をいったん中断して…というように，この連鎖はどこまでも続く可能性がある．処理をいったん中断するというときには，その時点までの合計金額とコインの枚数のデータをどこかに一時的に保存しておかなければならないだろう．このような目的にはどのようなデータ構造がよいのだろうか？

　たとえば，次のようにしてはどうだろうか．大きな革袋の処理の途中で小さい革袋を見つけたときには，その時点までの計算結果をカードに書いて箱に入

図 4.4　入れ子になっている革袋

れる．そして小さい革袋の処理を始める．その途中でさらに小さい革袋を見つけたときには，途中の計算結果をカードに書いて，先ほどのカードの上に積む．これを繰り返すと，途中で中断した処理の計算結果が書かれたカードが積まれた山ができる．

　この繰り返しの中で，いつかはコインのみが入っている革袋に到達する．そこでは，処理を中断することなく，平均金額を求める処理を完了することができる．完了後は1つ上位の革袋の処理に復帰する．それには，一番上からカードを1枚取り出して，カードに書かれた途中の計算結果を復元すればよい．そしてその革袋の処理が完了したら，同様にカードを1枚取り出して，さらに上位の革袋の処理に復帰する．これを繰り返すことで，最初の大きな革袋の処理に戻り，全体の処理を完了することができるだろう．このとき，積まれたカードの山はきれいになくなっているはずである(図4.5)．

4.2　スタック

4.2.1　スタックの基本概念

　スタック(*stack*)のもとの意味は"山積み"であり，それをイメージして作られたデータ構造がスタックである．新しいデータが追加されると，古いデータの上に積み重ねて格納され，取り出すときも上から1つずつ取り除くのが特徴である．すなわち，データの追加や取り出しを一方の端(一般的な図示は上端)でだけ行えるデータ構造である．図4.6はスタックのイメージである．

　一番上のデータを除き，スタック内部のデータを直接に読み出したり書き込んだりすることは許されない．つまり，取り出すのは常にスタックの中の最新データである．この性質は **LIFO**(*Last-In-First-Out*, 後入れ先出し)と呼び，数多くの技術に応用されている．たとえば，電卓プログラムにおける式評価や構文解析，探索問題の解法やプログラミング言語処理系の実装など，その用途は実に多岐に渡る．

プッシュ(*push*)

　スタックにデータを追加する操作はプッシュといい，そのデータはスタックの末尾(最上部)に置かれる．図4.7(A)に示されるように，スタックには末尾

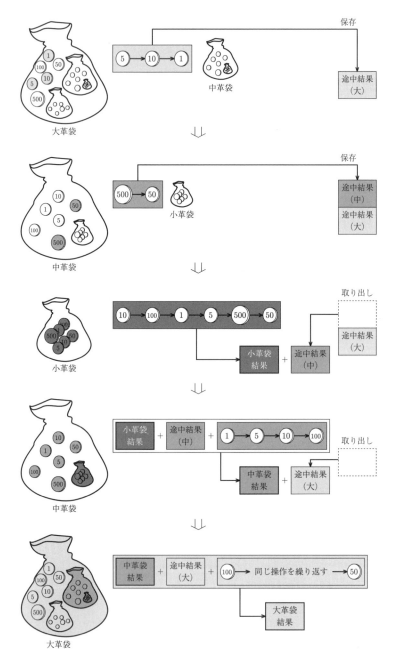

図 4.5　入れ子になっている革袋からコインを取り出す処理

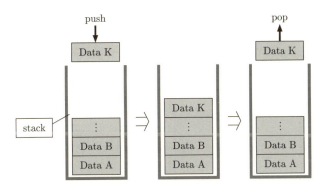

図 **4.6** スタック

位置を示すスタックポインタ top がある．初期状態のスタック (空のスタック) では，top は最初のデータセルを指し，データがプッシュされるたびに top が上がり，常に最新データの 1 つ上の位置を指す．多くの場合，スタックにサイズの制限がある．スタックの容量が満杯になった場合，さらにデータがプッシュされると，**スタックオーバーフローエラー** (*stack overflow error*) が発生する．

ポップ (*pop*)

　データを取り出す操作はポップといい，スタックの末尾からデータを 1 つだけ取り出す．図 4.7(B) に示されるように，ポップ指令を受けると，スタックの末尾からデータ 1 つだけが取り出され，top の指す位置が下がる．そのため，先に追加されたデータほどスタックの奥に積み置かれ，後から追加されたデータが全部取り出されるまで参照できない．スタック内の全データが取り出された場合，top の指す位置が初期状態のときと同じ位置になり，さらにポップ指令を受けると，**スタックアンダーフローエラー** (*stack underflow error*) が発生する．

　スタック構造はリストを用いて簡単に実装することができる．(実装例：ソースコード 4.1，実行結果：ソースコード 4.2)

- Python のリストのサイズは自動的に拡大できるため，スタックオーバーフローに対する判定を省いてもよいが，空のスタックに対するポップ操作を検出する必要がある．isEmpty(stack) 関数を設け，stack の長さが 0 の場合，データを一切格納していないことを示す意味として True を返す．

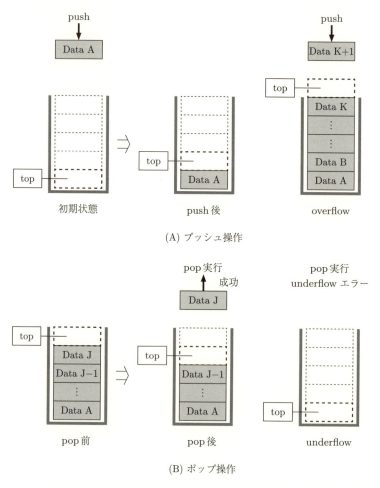

図 4.7　スタックに対する基本操作

- プッシュ用の関数は push(stack, a) である．a は追加するデータを表し，これを stack の末尾に追加する．
- ポップ用の関数は pop(stack) である．isEmpty 関数で stack の中身を確認し，データがない場合「`Error: Stack underflow!`」のエラーメッセージを表示しプログラムが終了する．データがある場合，それをスタックから取り除き，値を返す．

このプログラムで実装したプッシュとポップ操作の計算量はいずれも $\mathcal{O}(1)$ である．

ソースコード **4.1**　リンクリストを用いたスタックの実装

```
1  def isEmpty(stack):
2      if(len(stack)>0):
3          return False
4      else:
5          return True
6
7  def push(stack,a):
8      stack.append(a)
9
10 def pop(stack):
11     if(isEmpty(stack)):
12         exit('Error: Stack underflow!')
13     else:
14         return stack.pop()
```

ソースコード **4.2**　リンクリストを用いたスタックの実行例

```
1  ■■■ Input ■■■
2  S = [ ]
3  print('S:', S)
4  print(pop(S))   # Stack underflow エラーを起こす
5  push(S,1)
6  push(S,'B')
7  push(S,'三')
8  print('S:',S)
9  print(pop(S))
10
11 ■■■ Output ■■■
12 S: []
13 Error: Stack underflow!
14 S: [1, 'B', '三']
15 三
```

配列を用いてもスタック構造の実装はできるが，少々複雑になる．配列は宣言時有限個のサイズで宣言しなければならないため[1]，あらかじめ数を指定する必要がある．一方，Python では原則サイズ無指定で配列 (リスト) を宣言するため，実行例 (ソースコード 4.4) のように $S = [0] * 5$ で個数を確定して宣言する．さらに，配列でデータを追加・削除する際，配列要素そのものを増減できないため，データの位置を記録する変数が必要である．すなわち，スタックポインタを格納する変数が必要である．関数との受け渡しを便利にするために，スタック配列 S の 0 番地をスタックポインタ用に確保する．そのため，最初のデータセルは $S[1]$ となるから，スタックポインタの初期値が 1 となる．

スタックの機能を実現する関数プログラムをソースコード 4.3 にまとめている．おおむねリストでの実装と似ているが，スタックオーバーフローを検出するための関数 isFull(stack) を新たに用意している．また，プッシュ・ポップ操作をするたびに必要になるスタックポインタの増減処理に注意してほしい．

ソースコード **4.3** 配列を用いたスタックの実装

```
1  def isEmpty(stack):
2      top=stack[0]
3      if(top==1):
4          return True
5      else:
6          return False
7
8  def isFull(stack):
9      top=stack[0]
10     if(top==len(stack)):
11         return True
12     else:
13         return False
14
15 def push(stack, a):
16     if(isFull(stack)):
17         exit('Error: Stack overflow!')
18     else:
```

[1] Python ではサイズを指定せずに配列 (リスト) を宣言できるが，他の言語に適用できない場合が多く，本書では明示的にサイズを指定して宣言する．

```
19          top=stack[0]
20          stack[top]=a
21          stack[0]=top+1
22          return
23
24  def pop(stack):
25      if(isEmpty(stack)):
26          exit('Error: Stack underflow!')
27      else:
28          top=stack[0]
29          stack[0]=top-1
30          return stack[top-1]
```

ソースコード **4.4** 配列を用いたスタックの実行例

```
1   ■■■ Input ■■■
2   S = [0] * 5    # S[0]:スタックポインタ，S[1]-[4]:データ領域×4
3   S[0] = 1
4   push(S,1)
5   push(S,2)
6   push(S,3)
7   push(S,4)
8   push(S,5)      # Stack overflow エラーを起こす
9   print('Current stack =',S)
10  print('Pop stack = ',pop(S))
11  print('Current stack =',S)
12
13  ■■■ Output ■■■
14  Error: Stack overflow!
15  Current stack = [5, 1, 2, 3, 4]
16  Pop stack = 4
17  Current stack = [4, 1, 2, 3, 4]
```

例題 4.1 スタックが1つだけ存在し，値 x のプッシュ操作を push(x)，ポップ操作を pop() と書く．

(1) push(1), push(2), push(3), pop(), pop(), push(4), pop(), pop() で得られるデータ列を答えよ．

(2) データが 1, 2, 3, 4 の順番で到着する．以下のデータ列 (a)〜(e) について，push と pop で得ることが可能なものをすべて答えよ．

(a) 4, 3, 2, 1　　(b) 1, 2, 3, 4　　(c) 4, 2, 1, 3

(d) 3, 4, 2, 1　　(e) 1, 4, 2, 3

解答

(1) 3, 2, 4, 1．

(2) (a) (b) (d)．

push を a, pop を b と書くと操作順は (a) $aaaabbbb$ (b) $abababab$, (d) $aaababbb$．(c) については先頭に 4 の出力を得るには $aaaab$ の操作順しかないが，残る操作は bbb となり 4, 3, 2, 1 しか出力できない．(e) については先頭に 1, 4 の出力を得るには $abaaab$ の操作順しかないが，残る操作は bb となり 1, 4, 3, 2 しか出力できない．

4.3 キュー

4.3.1 キューの基本概念

キュー (*queue*) とは，待ち行列と呼ばれるデータ構造である．その特徴は，データの追加と取り出しは同じ順番で行われることである．すなわち，先に追加されたデータは先に取り出されることである．この性質のことは **FIFO** (*First-In-First-Out*, 先入れ先出し) と呼ぶ．スタック同様，格納しているデータを途中から取り出すことは許されない．

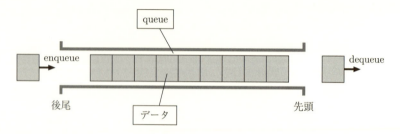

図 **4.8**　キュー

4.3 キュー

図 4.8 に示されるように，キューは車線 1 本だけのトンネルと同じイメージである．キューの最後尾から順番に追加されるデータは同じ順番で先頭から取り出すことができる．この特徴から，キューはプリンターのジョブ管理，ウィンドシステムのメッセージハンドラ，プロセスの管理など，データを発生時間順に処理する必要な場面で用いられる．

キューに対する基本的な操作は 2 つある．キューに対してデータを追加する操作とキューからデータを取り出す操作である．

エンキュー (*enqueue*)

キューにデータを追加する．キュー内に処理待ち中のデータ (キューイングデータ，*Queueing data*) がなければ，新たに追加されたデータがキューの先頭になる．すでにキューイングされているデータがあれば，その末尾に追加される．実装の方式によってはキューのサイズが限定される場合があり，キューのサイズを超えるデータが追加されると，**キューオーバーフローエラー** (*queue overflow error*) が発生する．

デキュー (*dequeue*)

キューからデータを取り出す．キュー内にキューイングされているデータがあれば，その先頭のデータを取り出す．空のキューに対してデキューを行うと，**キューアンダーフローエラー** (*queue underflow error*) が発生する．

4.3.2　キューの実装

リストを用いてキューの機能を簡単に実現できる．ポインタで連結したリストの先頭要素および末尾要素のアドレスを変数に記録し，この 2 つをそれぞれ出口と入口に用いると，図 4.9 (A) の構造となる．図中の変数 head はキューの先頭，すなわち出口のアドレスを格納しており，変数 tail はキューの末尾，すなわち入口のアドレスを格納している．キューの長さが 0，つまり中身が空の場合，head の中身は None であり，tail はあるデータ部が空のリスト要素を指す．キューの長さが 1 以上，つまりキューイング中のデータがある場合，head は最初に追加されたデータを格納しているリスト要素を指し，tail は一番最後に追加

された要素よりもさらに1つ後ろに設けられている空のリスト要素を指す．

図4.9(B)はエンキューの様子を示している．新しいデータ(Data C)を追加する際，tailの指す空のリスト要素にデータを格納する．それと同時に，新しい空のリスト要素を生成し，Data Cを格納している要素のポインタ部とtailの両方に，新要素へのポインタを格納する．こうすることで，データを追加するたびに，tailの指す位置を1つ後方へとずらす．リストを用いる場合，一般的にはメモリが許容している限り，データを追加することが可能である．

図4.9(C)はデキューの様子を示している．変数headの指す先頭リスト要素のデータ(Data A)を返し，Data Aを格納するリスト要素のポインタ部に格納しているポインタをheadに渡し，中身をNoneで初期化する．こうすることで，headはデキューされた要素の次の要素を指すポインタを持つことになり，デキューされた要素をキューから完全に切り離す．デキューされた要素のポインタの指し先がtailと同じである場合，キューイングのデータが全部デキューされたことを意味し，headの中身をNoneで初期化する．None値を持つheadが再度デキューを実行されれば，キューアンダーフローのエラーが発生する．

キューをPython言語で実装するコードをソースコード4.5に示す．

- キューアンダーフローを発生させないために，isEmpty(queue)関数を設ける．キューを表すlistの長さが0の場合，データを一切格納していないことを示す意味としてTrueを返す．
- エンキュー用の関数はenqueue(queue, a)である．aが追加するデータを表し，これをqueueの最後に追加する．
- デキュー用の関数はdequeue(queue)である．isEmptyでキューの中身を確認し，データがない場合「`Error:Que underflow!`」のエラーメッセージを表示し，データがある場合，それをキューから取り除き，値を返す．

明らかに，キューを用いたデータの追加と取り出しの時間計算量はいずれも$\mathcal{O}(1)$である．ソースコード4.6は実行例である．

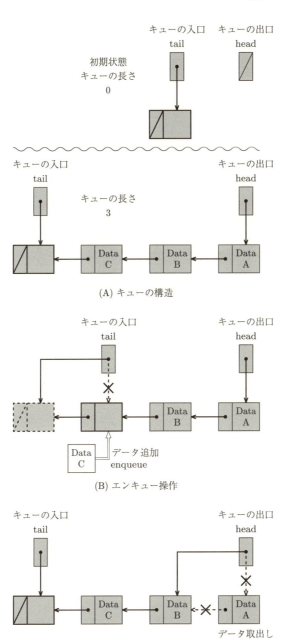

図 4.9 リンクリストを用いたキューの操作

ソースコード 4.5 リンクリストを用いたキューの実装

```python
def isEmpty(queue):
    if(len(queue)>0):
        return False
    else:
        return True

def enqueue(queue,a):
    queue.append(a)

def dequeue(queue):
    if(isEmpty(queue)):
        return 'Error: Que underflow!'
    else:
        return queue.pop(0)
```

ソースコード 4.6 リンクリストを用いたキューの実行例

```
■■■ Input ■■■
Q = [ ]
print('Q:',Q)
print(dequeue(Q))    # Que underflow エラーを起こす
enqueue(Q,1)
enqueue(Q,'B')
enqueue(Q,'三')
print('Q:',Q)
print(dequeue(Q))

■■■ Output ■■■
Q: []
Error: Que underflow!
Q: [1, 'B', '三']
1
```

配列を用いたキューの実装も可能である．ただし，配列で要素の移動は，要素数を N とすると，$\mathcal{O}(N)$ の時間計算量がかかるため，キューを実装する場合，一般的に要素を移動しない方式を使用する．

図 4.10 は配列を利用したキューの実装例を示している．あらかじめ一定サイ

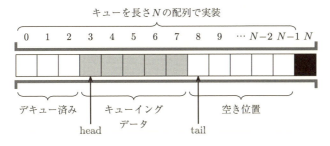

図 4.10 配列によるキューの実装

ズ長 (N) の配列を宣言し，キュー専用の記憶領域に充てる．データを格納していない初期状態では，head および tail の値いずれも 0 である．

エンキューする場合，値を tail の指す番地に格納し，tail の値を 1 増やす．tail の値は常にキューイングデータの次の空の番地を指す．ただし，配列はリストと異なり，宣言時に長さが定まるため，tail の値が N に到達する場合，キューが満杯状態となり，さらにエンキュー操作が実行されれば，キューオーバーフローが発生する．

デキューする場合，まず head と tail の値を比較し，同じ値であればキューイングデータがないため，キューアンダーフローとなる．キューイングデータがあるとき，head の指す番地に格納しているデータを返し，head の値を 1 増やす．

この実装では，エンキューとデキューの計算量はいずれも $\mathcal{O}(1)$ である．

以上のようにキューの機能を配列で実現できるが，問題が残っている．データをエンキューすると，tail の値が増加し，デキューすると，head の値が増加するため，どちらの操作においても head と tail の値は増大する一方である．head の左側の番地は一度使用されるだけで，格納したデータがデキューされると二度と使われなくなる．それ故に，処理を続けていくうちにいずれ配列のサイズを超えてしまう．配列のサイズ N を十分に大きくとることである程度問題を回避できるかもしれないが，無駄に放置されるメモリの問題は根本的に解消される訳ではない．

head と tail と同じ値になった場合，両方の値を 0 に戻す方法が考案された．しかし，キューイング中のデータが完全にデキューされない限り，無駄なスペースが再利用できないため，効果が限定的なものである．

4.3.3 リングバッファー

配列を用いてキューを実装する際に起きるメモリの再利用ができない問題を完全に解消するために，**リングバッファー** (*ring buffer*) 法が考案された．図 4.11 はそのイメージである．

キューに対して head や tail が配列の末尾に到達する場合，その値をキューの先頭に戻す処理を施す．この処理により，キューの先頭と末尾が接続され，図示のリング状の状態を呈する．すわなち，head あるいは tail が $N-1$ に達した後，さらに 1 つ増えるときに 0 になるようにすることである．その結果，エンキュー処理とデキュー処理が繰り返されても，配列の番地に空きがある状態でキューオーバーフローが起きなくなる．

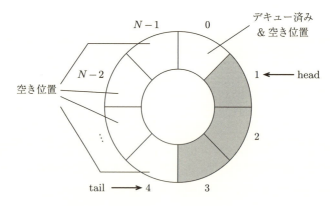

図 4.11 環状のキュー：リングバッファー

章末問題

4-1 スタックに対し，
  (1) push(1), push(2), push(3), push(4), push(5), pop(), pop(), pop(), pop(), pop() で得られるデータ列を答えよ．
  (2) データが 1, 2, 3, 4, 5 の順番で到着する．1, 3, 5, 4, 2 を得るために，どのような push と pop の順番が必要か答えよ．

4-2 2つのスタック (A と B) を用意し，繰り返し文と input 文で数式 (数値，演算子，数値，演算子，…の順序で入力) を読み込み，「=」が現れるまで，数値を A に格納し，演算子を B に格納する．入力完了後，A と B を用いてこの数式の結果を求めてみよ．ただし，数式で用いる演算は足し算と引き算だけでよい．

4-3 キューに対し，
  (1) enqueue(1), enqueue(2), enqueue(3), dequeue(), dequeue(), dequeue() で得られるデータ列を答えよ．
  (2) enqueue(1), dequeue(), enqueue(2), dequeue(), enqueue(3), dequeue() で得られるデータ列を答えよ．

第 5 章

データ構造：木

現実世界では，ある項目の下に，別の複数の項目が関係付けられているということがよくある．そしてその下位の項目の下にさらに複数の項目が関係付けられるという繰り返しの構造となっていることも多い．

このような階層構造をもったデータの格納方法である「木」と，それを利用する処理の例について紹介する．

5.1 処理対象のデータを観察しよう

現実世界には，階層をもったデータとして，どのようなものがあるのか考えてみよう．たとえば，図5.1 は，三国志の英雄・曹操の系譜の一部を表している．

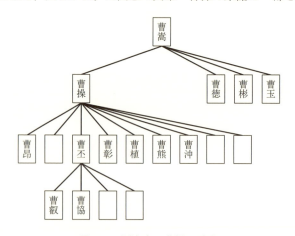

図 5.1　順序木：曹操の系譜

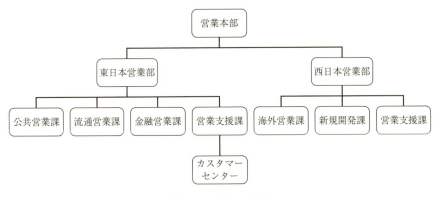

図 5.2 会社の組織

また，次の例はある会社の組織図である．(図 5.2)

家系図でも会社の組織図でも，最上位の項目は必ず 1 つであって，その下に複数の項目があることがわかる．さらにその下に複数の項目がある，ということが繰り返される．項目は上位の項目と関連付けられて意味を持つので，たとえば，「営業支援課」という同じ名前の項目が複数の場所に存在することもありうる．プログラムでこのような構造をもったデータを処理するには，それに適した格納方法が必要である．

別の例を考えよう．アキネイターというクイズのウェブサイトを知っているだろうか？ まず，参加者は人物を頭に一人思い浮かべる．これは歴史上の人物でも芸能人でも誰でもよい．アキネイターは，「男性ですか？」「城を建てましたか？」といった Yes/No で答えられる質問をしてくるので，それに参加者は答えていくわけである．アキネイターは，たった十数回の質問をするだけで，何千何万という候補の中からたった 1 つの正解を当てることができる．

これにならって，ある小学校の全校生徒の名前を Yes/No 質問の繰り返しで整理したものが図 5.3 である．

この場合，項目から項目への分岐は必ず Yes/No の 2 分岐となる．分岐を持つ項目は名前のデータは持たず質問のみを持ち，分岐を持たない末端の項目は名前データを持つことになる．質問で絞り切れない場合には 1 つの末端項目が複数の名前データを持つこともありうる．こういうデータの持ち方をすれば，

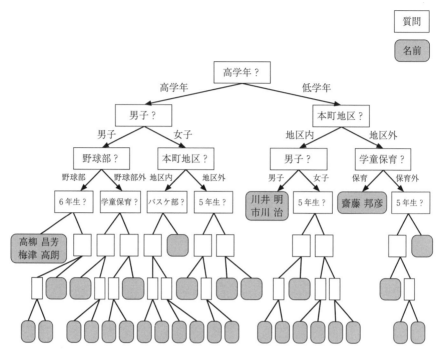

図 5.3 全校生徒の名前の分類

たった数回の Yes/No 質問に答えるだけで，欲しいデータにたどり着くことができる．ただし，それには各段階において効果的な Yes/No 質問を設定することが重要だろう．

これらの例で用いたデータの保存と表現法はコンピュータデータ構造の一種，木と呼ばれる．

5.2 木

木 (tree) は極めて重要なデータ構造である．木は階層的なもの，および場合分け (枝分かれ) の多いものごとを表現するのに適しているため，アルゴリズムの解析，問題の定式など，さまざまな場面で中心的な役割を果たす．

本文で扱う木は図 5.4 のような構造のものである．木を記述するとき，節点と辺という 2 つの部品を用いる．

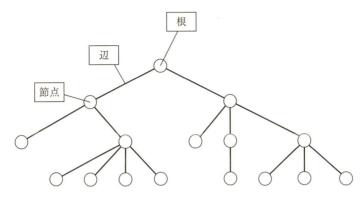

図 5.4 木

- **節点** (*node*). ノードや頂点 (*vertex*) ともいう．節点の中の1つを他と区別して**根** (*root*) と呼び，一般的にトップに書く．
- **辺** (*branch*). 枝 (*edge*) ともいう．節点と節点の間を接続する線分であり，節点間の関係を表す．

辺でつながれた節点同士は親子関係を持つ．図 5.5 のように，ある節点から見てすぐ下につながる節点を**子** (*child*) といい，自身はその**親** (*parent*) という．1つの親に対して子は複数あってもよいが，1つの子に対する親は高々1つしかない．共通の親を持つ節点を**兄弟** (*sibling*) という．木の全節点中，親のない節点が1つだけあり，それは上述した根である．一方，子をもたない節点を**葉** (*leaf*)，または終端節点 (*terminal node*) と呼ぶ．葉を除いた節点を非終端節点 (*non-terminal node*) と呼ぶ．データ構造としての木においては，データは各節点に付随することになり，そのデータは**ラベル** (*label*) という．

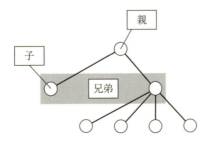

図 5.5 節点の関係

1つの節点が複数の子を持つとき，これら子節点の間に順序関係を持つ場合と持たない場合がある．同じ親を有する子節点間に順序関係を持つ木を**順序木** (*ordered tree*) と呼ぶ．たとえば，家族の系譜では，兄・弟の順序に意味があるから，これを表せるのは順序木である．そのため，順序木では子節点の位置関係を変えてはいけないことに注意が必要である．順序関係を持たない木は**非順序木** (*unordered tree*) と呼ばれるが，コンピュータで扱われるデータ構造ではあまり一般的ではない．

なお，厳密にいうと，本書で扱っているのは木の中でも**根付き木** (*rooted tree*) または**有向木** (*oriented tree*) と呼ばれるものである．

木の階層構造は**レベル** (*level*) を使って記述する．図 5.6 に示したように根をレベル 0 とし，根を親とするすべての子のレベルを 1 とする．その子たちを親とするさらに下の子をレベル 2，そのさらなる下をレベル 3 のような具合でレベルを振る．各節点と根とのレベルの差をその節点の**深さ** (*depth*) といい，たとえば，図 5.6 の深さ 2 にある節点の総数は 5 個である．また，木の最大レベルはその木の**高さ** (*height*) ともいい，図 5.6 の木の高さは 3 となる．ある節点とその下の部分を取り出したものを**部分木** (*subtree*) と呼び，その節点が部分木の根となる．

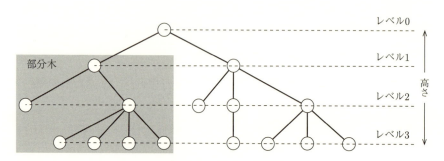

図 5.6 木のレベル構造

5.3 二分木

すべての節点がたかだか k 個の子を持つ木を k 分木と呼び，特に $k=2$ の場合は**二分木** (*binary tree*) と呼ぶ．また，二分木と呼ぶとき，子節点の間に順序を持つ二分順序木を暗黙的に指すことが多く，本書もその慣習に従う．

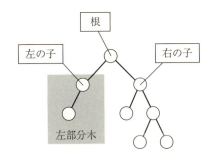

図 5.7 二分木

　二分木の各節点において，左側，右側に接続されている子をそれぞれ左の子，右の子という．たとえ子の数が1つしかない場合でも，必ず左の子か右の子のどちらかとして親節点と接続しなければならない．左の子，右の子を根とする部分木をそれぞれ左部分木，右部分木と呼ぶ．

　二分木はアルゴリズムに利用される頻度が木の中で最も大きいといわれる．図5.8の示した例は二分木を使った整列と数式解析である．整列例では，すべての節点において，左の子孫のラベルは自身のラベルより小さく，右の子孫のラベルは自身のラベルより大きくなるように配置されている．数式解析の例では，数字の項はすべて末端節点である葉のラベルに，演算子が親となる節点のラベルになるように配置されている．これらの詳細については後述する．

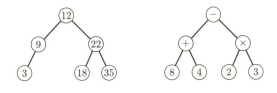

整列：12 9 22 3 18 35　　　　数式：8+4−2×3

図 5.8　二分木の応用例

5.3.1　二分木の実装

　二分木をコンピュータで実装する場合，スタックやキュー同様，リストを用いて簡単なコードで実装できる．図5.9に示したように，木の節点はラベルを格納する変数および子を指す2つのポインタ変数からなる．

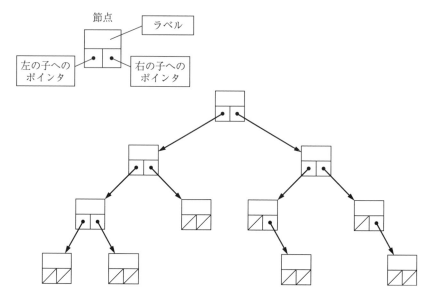

図 5.9 ポインタとリストで実現する二分木

節点を実装するためのコード例をソースコード 5.1 に示す．節点の内部構造を Node という名のクラスで宣言する．その内部には，label，left，right の 3 つの変数がある．label は節点のラベルでデータを格納する変数であり，コンストラクタ[1] で指定される値 x を代入する．left と right はそれぞれ左の子と右の子へのポインタを格納する変数であり，初期値として None を用いる．

ソースコード 5.1　節点作成関数 Node(label)

```
1  class Node:
2      def __init__(self, label):
3          self.label = label
4          self.left = None
5          self.right = None
```

節点実体 (インスタンス) の作成，中身参照の操作例および結果をソースコード 5.2 に示す．この実行例では，node_A と node_B の 2 つの節点実体を作成し，それぞれのラベル値として 3 と 1 を与えた．node_A を node_B の親節点と

---

[1] クラスのインスタンス生成時に実行されるメソッド．詳細はプログラミング書籍を参照のこと．

するには，node_A の子節点ポインタで node_B のアドレスを記録させればよい．実行例では，node_A の左の子へのポインタ node_A.left に node_B のアドレスを与えた．この 2 つの節点の中身を表示したところ，A のラベルが 3，右の子が存在しないためポインタ値が None と正確である．左の子へのポインタ値と node_B のアドレスが一致していることも実行例でわかったであろう．コンピュータの中でアドレスは 0x0000020340F9B860 のような形で表現される．

ソースコード 5.2　節点の作成および中身の参照

```
1  ■■■ Input ■■■
2  node_A = Node(3)
3  node_B = Node(1)
4  node_A.left = node_B
5  print('A label:', node_A.label)
6  print('A left :', node_A.left)
7  print('A right:', node_A.right)
8  print('B ADDR :', node_B)
9
10 ■■■ Output ■■■
11 A label: 3
12 A left : <__main__.Node object at 0x0000020340F9B860>
13 A right: None
14 B ADDR : <__main__.Node object at 0x0000020340F9B860>
```

5.3.2　完全二分木

二分木の中には**完全二分木** (*complete binary tree*) という木の概念がある．

> **完全二分木 (広義)**
>
> (1) 最大レベル (末端レベル) を除き，他のレベルが完全に節点が詰まっており[2]，かつ (2) 最大レベルでは節点が左詰めになっている二分木 (例，図 5.10 (A))．
>
> **完全二分木 (狭義)**
>
> 最大レベルも完全に節点が詰まっている二分木 (図 5.10 (B))．

---

[2] 節点が全部接続している状態．

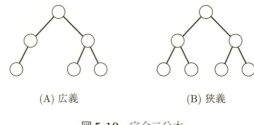

(A) 広義　　　　　(B) 狭義

図 5.10　完全二分木

完全二分木は探索の時間計算量において非常に優れた性質を有する．計算を簡単にするために狭義の完全二分木を例にとって説明する．木構造においてはデータは節点に付随するため，完全二分木が持つ節点の総数 N が十分に大きい場合，その高さ h のオーダーは $\mathcal{O}(\log N)$ である．完全二分木を対象に探索操作を行う際，あらゆる節点における分岐が一意に決まる．すなわち，サイズ N の問題を完全二分木で解く場合，根から任意の節点に至る探索にかかる計算量がたかだか $\mathcal{O}(\log N)$ である．

5.4　数式と木

人間が数式を記述する際，一般的に中置記法 (*Infix Notation*) を用いる．式 (5.1) のように，オペレータ[3]をオペランド[4]の中間に記述することから，このように呼ばれる．

$$x = a + b \times c \tag{5.1}$$

しかし，この記述方法には曖昧さがある．加減算に対する乗除算の優先という規則を付加しなければ，「$(a+b) \times c$」と「$a + (b \times c)$」のどちらにも構文解析できてしまう．そのため，コンピュータはこの記述方法をシンプルに理解するのが難しい．

数式を順序二分木で曖昧さなく表現することができる (図 5.11)．式 (5.1) を用いてその手順を示す．

1. 優先度の最も低いオペレータを根とする．例では = が根になる．

---

[3] オペレータ (*Operator*, 演算子) 演算内容を表す記号のこと．式 (5.1) では，=, +, × がオペレータに該当する．

[4] オペランド (*Operand*, 被演算子) 演算の対象となる値や変数，定数などのこと．式 (5.1) では，x, a, b, c がオペランドに該当する．

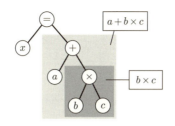

図 5.11 式から二分木への変換例

2. オペレータの左辺の評価式を親節点の左部分木に，右辺の評価式を親節点の右部分木に記述する．例では，根の左の子節点が x になり，右の子節点に右辺の評価式を入れる．
3. 各評価式が単独な項 (変数，定数，数字) になるまで 1 と 2 を繰り返す．根の右の子節点が + になり，さらに下のレベルで a が + の左の子で葉となる．右の子に評価式 $b \times c$ を入れ，b と c が葉になるまで繰り返す．

優先規則を設けずに，シンプルに左から右へ逐次に処理するだけで数式を計算できる記法も提唱されている．最も有名なのは逆ポーランド記法 (*Reverse Polish Notation*) である．オペレータをオペランドの後ろに置く点が特徴で，後置記法 (*Postfix Notation*) とも呼ばれる．

中置記法の式を逆ポーランド記法で表記する例を下表にまとめた．あるオペレータにかかるオペランドは，そのオペレータの左隣に並べられるのが特徴である．また，日本語と同じように読むことができる記法でもある．たとえば，下表 (4) 式を日本語で「5 を 6 と 3 の和に掛けて 7 を引く」のように読むと逆ポーランド記法そのものとなる．

	中置記法	逆ポーランド記法
(1)	$1 + 2$	$1\ 2\ +$
(2)	$3 + 4 - 5$	$3\ 4\ +\ 5\ -$
(3)	$6 + 7 - 8 \times 9$	$6\ 7\ +\ 8\ 9\ \times\ -$
(4)	$5 \times (6 + 3) - 7$	$5\ 6\ 3\ +\ \times\ 7\ -$
(5)	x^2	$x\ x\ \times$

数式の二分木構造と逆ポーランド記法との相互変換も容易に行える．二分木から逆ポーランド記法への転記の手順は以下である．

① 木の最も左下の葉節点からスタートする．
② 兄弟節点へ進み，その後，共通の親節点へ進む．ただし，兄弟節点が部分木である場合，親節点に到達するまで①と②を繰り返す．
③ 親節点に到着後，さらに兄弟節点へ進み，①〜③を繰り返す．
④ 根節点に到着すれば変換完了．

図 5.12 では，比較的複雑な式を例に，二分木から逆ポーランド記法への変換手順を示す．

中置記法　　　　　$(a \times b \times c \div d + (e - f) \times g) \times h$
逆ポーランド記法　$a\ b \times c \times d \div e\ f\ -\ g \times\ +\ h \times$

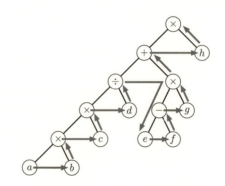

図 5.12 逆ポーランド記法と二分木

コンピュータが数式を処理する際，逆ポーランド記法とスタックを用いる場合が多い．逆ポーランド記法形式の式を先頭から逐次に読み，オペランドを手あたり次第にスタックにプッシュし，オペレータに遭遇すると，前の 2 個のオペランドをスタックからポップして演算する．演算した結果を再度スタックにポップし，式の読み込みに戻る．これを繰り返して実行することで，二項演算を扱う数式をシンプルに処理できる．

下記のプログラムは逆ポーランド式記法およびスタックを用いた足し算式を演算するプログラムの実装例である．

ソースコード 5.3 数式演算プログラムの実装例

```
1  # ソースコード 4.1 の stack を定義しておく必要がある
2
3  def revpo():
4      stack=[]
5      RPN=[]
6      while (True):
7          inp = input('逆ポーランド記法 input: ')
8          if (inp==""):
9              break
10         elif (inp == '+'):   # 直前の 2 数の和を計算し，和をpush
11             num=pop(stack) + pop(stack)   # stack[-1] + stack[-2]
12             push(stack, num)
13         elif (inp.isdigit()):   # 数字ならスタックに積む
14             push(stack, int(inp))
15         else:
16             print('Illegal Input!')
17
18         push(RPN, inp)
19         print('stack=',stack)
20         print('RPN =',RPN)
21         print()
22
23 revpo()
```

実行例では，逐次に入力される数字がスタックに格納され，+符号が入力されて初めて直前の 2 数をスタックから取り出されて足し算が行われる．

ソースコード 5.4 数式演算プログラムの実行例

```
1  ■■■ Input & Output ■■■
2  逆ポーランド記法 input: 1
3  stack= [1]
4  RPN = ['1']
5
6  逆ポーランド記法 input: 2
7  stack= [1, 2]
8  RPN = ['1', '2']
```

```
 9
10 逆ポーランド記法 input: +
11 stack= [3]
12 RPN = ['1', '2', '+']
13
14 逆ポーランド記法 input: 4
15 stack= [3, 4]
16 RPN = ['1', '2', '+', '4']
17
18 逆ポーランド記法 input: 5
19 stack= [3, 4, 5]
20 RPN = ['1', '2', '+', '4', '5']
21
22 逆ポーランド記法 input: +
23 stack= [3, 9]
24 RPN = ['1', '2', '+', '4', '5', '+']
25
26 逆ポーランド記法 input: +
27 stack= [12]
28 RPN = ['1', '2', '+', '4', '5', '+', '+']
```

章末問題

5-1 好きな歴史人物の系譜を書き，どこまで遡れるか試してみよ．

5-2 *5-1*で描いた系譜木に対し，各レベルの各節点を根とする部分木の深さ，子の数を数えてみよ．

5-3 ソースコード5.1で作成される二分木は，親節点から子節点をアクセスできるが，子節点から親節点へのアクセスができない．子節点から親節点へのアクセスもできるようにソースコードを修正してみよ．

5-4 逆ポーランド記法を用いて以下の式を二分木へ変換してみよ．

(1) $3 + 2 + 4 + 6$

(2) $3 + 2 \times 4 + 6$

(3) $3 \times 2 + 4 \times 6$

(4) $3 \times (2 + 4) \times 6$

(5) $3 + 2 \times 4 \times 6 - 7 \times 9 \div (4 - 1)$

第 6 章

探 索

探索とは，蓄えられた情報の中から条件に合った要素を取り出す操作である．ビッグデータの時代になったいま，データの量は膨大なものとなり，そして種類の多さ，増加の速さにおいてももはや以前と比べ物にならない．このような状況では，情報検索 (探索) 能力はより重要となることが自明である．

本章では，探索アルゴリズムである線形探索と二分探索，そして探索効率が非常に高いデータ構造である二分探索木を説明する．

6.1 探索の概念

探索 (*Search*) とは，与えられた条件を満たすデータを見つける行動のことである．探索アルゴリズムの議論の前提として，用語の定義を明確に定める必要ある．

表 (*Table*) 探索の対象となるすべてのデータの集合や情報源を表という．たとえば電話帳，住所録，図書の索引など，問題によって形態はさまざまであるが，一定のフォーマットに従うデータの集合である．

レコード (*Record*) 表の中に蓄えられている個々のデータで，フォーマットに従うデータの最小単位である．たとえば，表が木であれば，木の節点がレコードに該当する．

キー (*Key*) レコードの中には，キーと呼ばれるフィールドがあるものとする．問題をシンプルにするため，特段の説明がない限り，各レコードのキーはすべて違うものと考える．ただし，重複するキーが存在しても現実において珍しいことではないし，アルゴリズムで対処することも難しくない．

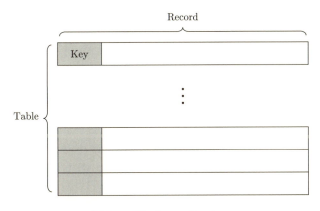

図 6.1　表・レコード・キー

電話帳の例でいえば，電話帳の全体が表であり，各ページに記載される「名称・電話番号・住所」の記録一つひとつがレコードに相当し，記録の中の「名称」がキーである．

探索問題の大きさ N は，表に格納されているレコードの総数にあたる．探索アルゴリズムの効率を評価するため，一般的には以下 3 つの指標を用いる．

- 探索　与えられた条件を満たすキーを有するレコードを表から見つける際にかかる計算量．
- 挿入　表の中の任意の位置に新しいレコードを追加する際にかかる計算量．
- 削除　表の中から特定のレコードを削除する際にかかる計算量．

6.2　線形探索

最も単純な探索アルゴリズムは**線形探索** (*Linear Search, Sequential Search*) である．一列に並べられたデータを逐次に調べる素朴な探索であり，主に配列やリストのようなデータ構造に応用される．

図 6.2 とソースコード 6.1 の通り，前から逐次に探す．配列で作られた表の場合，[0] 番のレコードから順番にチェックし，Target と同じ値のキーを発見するか，または表の最後になるかのいずれかまで走査する．リストで作られた表の場合，その先頭要素からポインタをたどり，配列の場合と同様に走査する．

ソースコード 6.1 に使われたアルゴリズムの計算量は，ループの回数に比例す

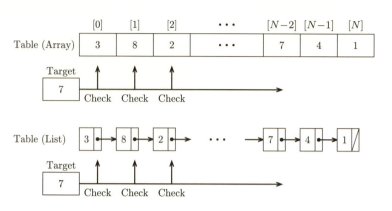

図 6.2 線形探索

る．表のサイズを N として，探索する値が見つからない (失敗) 場合，最悪時間計算量は N 回となる．見つかった (成功の) 場合は平均して $N/2$ 回のため，線形探索の計算量は $\mathcal{O}(N)$ である．データの挿入と削除の計算量について，第 3 章で説明した通り，配列は $\mathcal{O}(N)$，リストは $\mathcal{O}(1)$ である．ただし，リストで要素を削除する場合，その前に探索が必要で，二重登録が禁止される場合の挿入も事前に探索が必要となるため，全体の計算量が $\mathcal{O}(N)$ になることが多い．

ソースコード 6.1　配列に対する線形探索

```
1  arrayTable = [1, 2, 3, 4, 5]  # 表を作成
2
3  target = 3  # 探索する値
4  i=0
5  while(i<len(arrayTable)):
6      if(arrayTable[i]==target):
7          print('Key (',target,') has been found, index:',i)
8          break;
9      i+=1
10
11 ■■■ Output ■■■
12 Key ( 3 ) has been found, index: 2
```

6.3 二分探索

キーの値が無作為に分布する表では,レコードを順番に探索していかざるを得ない場合が多い.しかし,探索する前に,レコードをあらかじめ一定の順序に並べておけば,検索の計算量を大幅に減らせる可能性がある.

たとえば,データの値を大きさの順に並べているリストを**整列リスト**と呼ぶ.このようなリストでは,線形探索の途中でリストの要素が探索値より大きくなったら,そこで探索を打ち切って計算時間を節約できる.また,逐次に探索する手法をとらずに,ジャンプしながら探索することも可能である.**二分探索** (*Binary Search*) はその代表的な手法である.

二分探索は大小比較を使う探索のうちで最も簡単な方法である.図 6.3 を用いて二分探索の考え方を説明する.

前提条件

レコードは配列状に配置されているとし,昇順に整列済みである.キーの値が最小であるレコードは左端 (添字 0 番) に配置され,最大のレコードは右端 (添字 $N-1$ 番) に配置される.探索目標のキー値を Target とする.

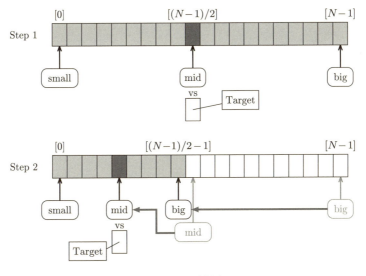

図 **6.3** 二分探索

探索手順

探索範囲をコントロールするために，3つの変数を用意する．

- small 探索範囲の下限の添字を記録する．初期値は 0．small よりも左側 (小さい) のレコードは探索の対象としない．
- big 探索範囲の上限の添字を記録する．初期値は n．big よりも右側 (大きい) のレコードは探索の対象としない．
- mid 探索範囲の中央位置を表す．small と big との平均値で，整数にならない場合，本例題では切り下げとする．ただし，切り上げにしてもアルゴリズムの正しさと計算量に影響しない．

各回の繰り返しでは，mid 位置にあるキーと target を比較する．target が mid 位置のキーよりも小さければ，mid より右側のキーはすべて target より大きいことが自明であるため，もはや探索の対象としなくてよい．そのため，探索範囲を左方向へ一気に半分縮めることができる．すなわち，small の値は変えずに，big の値を mid − 1 に更新し，mid の値を small と新しい big との平均値に更新する．図 6.3 の Step 2 はこの処理の結果を示している．逆に，target が mid 位置のキーよりも大きければ，探索範囲を右方向へ半分縮め，small の値を mid + 1 に更新し，mid の値も付随して更新すればよい．target が mid 位置のキーと一致すれば，探索が完了し，mid 位置のレコードが探索結果となる．

いずれにしても，探索範囲の幅は半分になることから，表のサイズを N とすると，$\log_2 N$ 回繰り返せば探索範囲が 1 になって探索が必ず終了する．したがって，計算量は最大でも $\mathcal{O}(\log_2 N)$ である．

Python での実装例をソースコード 6.2 に示している．表は配列 data で表し，昇順整列した 10 個の数字を格納している．配列の下限と上限をそれぞれ start と end で表す．

探索関数 search() は探索範囲の下限と上限を表す small と big の 2 変数を受けとる．small が big よりも大きければ，探索範囲の下限と上限が逆転したこと，すなわち，探索範囲が空になったことを意味する．この場合，探索目標が表に存在しないことがわかり，その旨を出力して停止する．

target が中間位置である mid のキー data[mid] と一致した場合，探索結果の

6.3 二分探索

ソースコード 6.2 二分探索の実装例

```python
data = [1,3,5,6,7,8,9,10,11,13]
start = 0   # 定数,配列下限
end = 9    # 定数,配列上限

def search(small, big):
    if (small>big):   # 探索範囲が空のとき,該当なし
        return ' 該当なし'

    mid = (small + big) // 2
    if(target == data[mid]):
        return mid
    elif(target < data[mid]):
        return search(small,mid-1)   # 探索範囲左へ半減
    else:
        return search(mid+1,big)     # 探索範囲右へ半減

while (True):
    target=int(input('Input number (End = -1):'))
    if(target==-1): break

    print('Searching', target,'in', data)
    result=search(start, end)
    print(' 探索目標の位置:',result)
```

ソースコード 6.3 二分探索の実行例

```
■■■ Input & Output ■■■
Input number (End = -1):1
Searching 1 in [1,3,5,6,7,8,9,10,11,13]
探索目標の位置: 0
Input number (End = -1):10
Searching 10 in [1,3,5,6,7,8,9,10,11,13]
探索目標の位置: 7
Input number (End = -1):100
Searching 100 in [1,3,5,6,7,8,9,10,11,13]
探索目標の位置: 該当なし
```

mid を出力して停止する．一方，target が mid 位置のキーよりも小さければ，探索範囲を左へ半減して再探索し，逆の場合は右へ半減して再探索する．

実行結果中の 1 番目，整数 1 を表 data {1, 3, 5, 6, 7, 8, 9, 10, 11, 13} から探索する例を図 6.4 に示す．

探索 1 回目：small = 位置 [0]，big = 位置 [9]，mid = 位置 [4]．target と mid 位置の値と比較し，その結果，target が小さいため，探索区間を

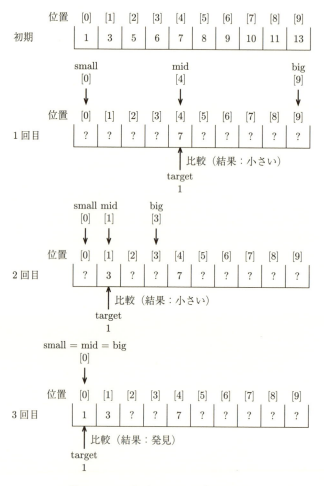

図 **6.4** 二分探索プログラムの探索例

mid の左側に特定する．
探索 2 回目：small = 位置 [0]，big = 位置 [3]，mid = 位置 [1]．target と mid 位置の値と比較し，その結果，target がまた小さいため，探索区間を mid の左側に特定する．
探索 3 回目：探索区間の要素は [0] のみのため，small = big = mid = 位置 [0]．target と mid 位置の値と比較し，目標値を発見し，結果を出力する．

上記の通り，10 個の値から 3 回の探索で target の値が発見できた．

探索値が両端に位置する場合，二分探索の最悪計算量となる．つまり，上記の探索回数が最悪時の結果である．また，探索範囲の両端である small と big を使って中間位置 mid を計算するため，配列のデータ構造が二分探索と相性がよい．リンクリストのデータ構造に対して二分探索を実装することは可能であるが，複雑になるため推奨されない．

6.4 二分探索木

前述したように，基本データ構造である配列とリストは，探索・挿入・削除にそれぞれ向き不向きがある．では，探索・挿入・削除，いずれにおいても低い計算量で実行できるデータ構造はないだろうか？ 答えは二分探索木である．

6.4.1 二分探索木の特徴

二分探索木 (*Binary Search Tree*) とは，任意の節点において，子節点を持っていれば，左側の部分木に格納される値のすべてがこの節点の値より小さく，右側の部分木に格納される値のすべてがこの節点の値より大きい，という特徴を有する二分木のことである (図 6.5)．

例を図 6.6 に示す．この二分探索木の場合，根節点のラベルが 14 である．根節点の左側にある部分木のすべての値 {3, 9, 10} が 14 より小さく，右側にある部分木のすべての値 {18, 20} が 14 より大きい．また，ラベルが 20 の節点から見る場合，左側の子節点の値 {18} が親節点より小さく，右側に子節点がない．この関係はすべての節点に対して成立する．本節では簡単のために，同じ値が

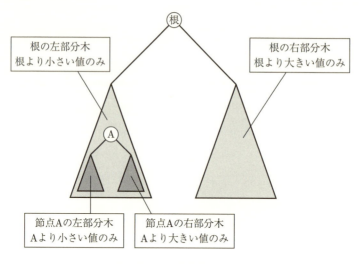

図 6.5　二分探索木の特徴

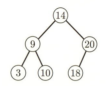

図 6.6　整数値を格納する二分探索木

存在しないことを前提に解説しているが，同じ値を許容する場合，一般的に同値の既存節点の右側部分木に置く．

　二分探索木は完全二分木である必要はない．また，各節点の子の数や左詰めかどうかに関しても要求しない．木の形状にも依存するが，多くの場合，探索にかかる平均的な時間計算量は，節点数を N とすると $\mathcal{O}(\log N)$ であり，挿入にかかる計算量は $\mathcal{O}(1)$ である．ただし，挿入処理を行う前に，挿入点を決めるための探索操作が必要なため，アルゴリズム書によっては，両方合わせた時間計算量 $\mathcal{O}(\log N)$ を挿入時間計算量とすることがある．

　非常に優秀なデータ構造であるが，データの順番や格納方法によっては，同じ数値の集合でも，異なる構造の二分探索木になり，時間計算量が変わる場合がある．たとえば，{1, 2, 3} のような 3 つの数字で作成される二分探索木は図 6.7 の (A)〜(E) の 5 通りにもなる．特に，(F) のような極端な形をなす二分探索木

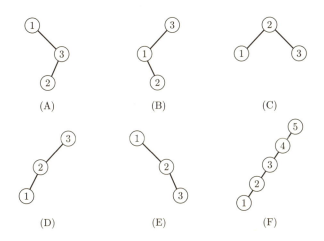

図 **6.7** 異なる構造を有する二分探索木

は，木の高さが $N-1$ で線形探索と同じになるため，最大探索回数は $N-1$ である．つまり，最大時間計算量は $\mathcal{O}(N)$ である．

6.4.2 二分探索木の操作と実装

本節では，二分探索木に対する節点の挿入・列挙・探索・削除の4つの操作を実現するPythonプログラムを示しながら紹介する．各節点はリンクリストを用いて表現する．配列での実装も可能であるが，難易度が高いわりには特筆すべき利点がないため，紹介を省略する．

節点を作成する関数Node(label)は5.3節(二分木)で紹介したソースコード5.1と同様なものを用いる．節点には以下3つの変数を保持する．

- **label** 数値を格納する変数．引数 x で受けとった数値を格納．
- **left** 左の子節点のアドレスを格納する変数．初期値はNone.
- **right** 右の子節点のアドレスを格納する変数．初期値はNone.

節点の挿入

二分探索木は挿入操作で作成されるため，まず挿入操作から説明する．

1. 木が存在しないとき，最初に挿入する節点が木の根となる．
2. 既存の木に対し，値を挿入する場合，その値を格納すべき場所を探索す

る．具体的に，木の根から，「挿入したい値 < 節点のラベル」なら左の子へ，「挿入したい値 > 節点のラベル」なら右の子へ進む．比較対象となる節点がなくなるまで到達すると，そこに新しい節点として挿入する．また，挿入したい値と同じ値を有するノードを発見した場合，既存ノードがあると告げ，挿入操作を停止する．

図 6.8 で挿入の手順を確認しよう．整数 10 を根に格納している二分探索木があるとし，左の部分木に {2, 5, 9}，右の部分木に {18, 20, 25} を格納している．この木に新たに整数 23 を格納する場合の手順は以下である．

① 根に対し値の照合を行う．挿入したい値 (23) > 根 (10) であるから，根の右部分木 (tree.right) に進む．

② 右部分木の根に対し値の照合を行う．挿入したい値 (23) > 部分木の根 (20) であるから，さらにその右部分木 (tree.right.right) に進む．

③ さらなる右部分木の根に対し値の照合を行う．挿入したい値 (23) < 部分木の根 (25) であるから，その左の部分木 (tree.right.right.left) に進む．しかし，25 を格納した節点は子を持たない葉であり，左の子は存在しない (tree.right.right.left == None)．

④ tree.right.right.left の位置に新しい節点を作り，23 を格納する．

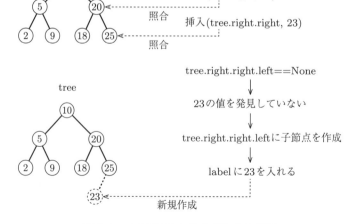

図 6.8　二分探索木に値を挿入する手順

これで新しい値の挿入が完了する．

図 6.8 の手順を実装したプログラムはソースコード 6.4 である．BST_insert(node, label) 関数は 2 つの引数を受けとり，リターン値は木の根である．

ソースコード **6.4** 節点を挿入する関数

```
1  # ソースコード 5.1 の Node を定義しておく必要がある
2  def BST_insert(node, label):
3      if node is None:
4          print('New node created:', label)
5          return Node(label)
6  
7      if node.label==label:
8          print('Same value in BST:', label)
9      elif label < node.label :
10         node.left = BST_insert(node.left, label)
11     else:
12         node.right = BST_insert(node.right, label)
13     return node
```

- node　対象とする二分探索木または部分木の根．根が存在しないとき，新しい根を作る．この判定は最初のif文（`if node is None:`）で行われる．
- label　挿入したい値．この label 値が各部分木の根に格納されているラベル値と比較されていく．着目している節点の数値が label 値より大きければ，その左部分木に，逆の場合，右部分木に対して BST_insert() を再帰呼び出す．葉まで到達しても label 値と一致する値が発見されなければ，新しい節点を Node(label) 関数で作成し，木に接続する．

このプログラムの実行結果をソースコード6.5に示している．最初の BST_insert(tree, 10) で木の根 tree を作成し，値 10 を格納した．その後順次に {5, 9, 2, 20, 18, 25, 2} を挿入した．最後の 2 を挿入する際，木の中から既存の 2 を検出したため，「`Same value in BST: 2`」のメッセージを出力した．

BST_insert(node, label) で上記入力データから生成した二分探索木の形状は図 6.8 と同じである．このような完全二分木である二分探索木に対する挿入操作にかかる時間計算量は，節点の数を N とすると $\mathcal{O}(\log N)$ である．

116　第6章　探索

ソースコード **6.5**　BST_insert(node, label) の実行結果

```
 1  ■■■ INPUT ■■■
 2  tree = BST_insert(None, 10)
 3  tree = BST_insert(tree, 5)
 4  tree = BST_insert(tree, 9)
 5  tree = BST_insert(tree, 2)
 6  tree = BST_insert(tree, 20)
 7  tree = BST_insert(tree, 18)
 8  tree = BST_insert(tree, 25)
 9  tree = BST_insert(tree, 2)
10  ■■■ OUTPUT ■■■
11  New node created: 10
12  New node created: 5
13  New node created: 9
14  New node created: 2
15  New node created: 20
16  New node created: 18
17  New node created: 25
18  Same value in BST: 2
```

例題 6.1　ソースコード6.5と同じ入力データ集合でも，BST_insert(node, label) にとって最悪時間計算量となる順序を考えよ．

解答　$\{2, 5, 9, 10, 18, 20, 25\}$ または逆順．この順序で生成される木の形状は一列となり，挿入操作にかかる時間計算量は，節点の数を N とすると $\mathcal{O}(N)$ となる．

列挙

木に格納されているすべてのデータを表示する操作は列挙である．図 6.9 で木のデータを昇順に列挙する際の順序を示す．走査は根からスタートし，ひたすら左部分木に深入りし，最深部に到達してから｛左の葉→親→右の葉→親の親→…｝のように，より大きい値を格納している節点を走査していく．

ソースコード6.6 と 6.7 はそれぞれ，列挙操作の実装プログラムと実行結果である．BST_show(node) 関数は1つだけの引数 node を受けとり，node を根と

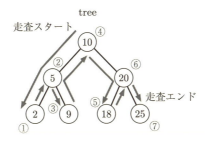

図 6.9 二分探索木の値を列挙する順序

する木または部分木の値を昇順に列挙する．時間計算量は，節点の数を N とすると $\mathcal{O}(N)$ である．

ソースコード **6.6** 木に格納されている値を列挙する関数

```
1  def BST_show(node):
2      if(node.left is not None):
3          BST_show(node.left)
4      print(node.label)
5      if(node.right is not None):
6          BST_show(node.right)
7      return
```

ソースコード **6.7** BST_show(node) の実行結果

```
1  ■■■ INPUT ■■■
2  BST_show(tree)
3  ■■■ OUTPUT ■■■
4  2
5  5
6  9
7  10
8  18
9  20
10 25
```

探索

木から特定の値を見つけ出す操作は探索である．ソースコード 6.8 と 6.9 がそれぞれ，値を探索するプログラムとその実行結果である．探索したい値 (target)

を与えられた根 (node) と比較し，target が小さければ左部分木へ，逆の場合右の部分木へと比較を繰り返していく．同じ値を発見すればその節点をリターンし，葉まで至っても該当がなければ None をリターンする．実行結果に表示された「<__main__.Node object at 0x0000022EB2B1E828>」は該当節点のアドレスである．通常，探索操作の時間計算量は，節点の数を N とすると $\mathcal{O}(\log N)$ がかかり，最悪時の時間計算量は $\mathcal{O}(N)$ である．

ソースコード **6.8** 木から特定の値を探索する関数

```
1  def BST_search(node, target):
2      while node:
3          if target == node.label:
4              return node
5          elif target < node.label:
6              node = node.left
7          else:
8              node = node.right
9      return None
```

ソースコード **6.9** BST_search(node, target) の実行結果

```
1  ■■■ INPUT ■■■
2  print(BST_search(tree, 10))
3  ■■■ OUTPUT ■■■
4  <__main__.Node object at 0x0000022EB2B1E828>
```

削除

二分探索木に節点を簡単に挿入できるが，削除する処理は複雑である．削除する節点の位置によっては，木の分断が発生する場合があるため，再接続をしなければならない．削除する節点の位置に関して 3 つの状況に分けて説明する．

① 葉：子を持たないため，葉を削除しても木の分断が発生しない．図 6.10 に示されるように，その節点を取り除けばよい．つまり，親節点の左の子へのポインタを記録する変数に None を代入するとラベル 18 の葉がなくなる．最も簡単な場合である．

② 節点に子が 1 つ：子を 1 つ持つ節点を削除すれば，その親節点とその子節

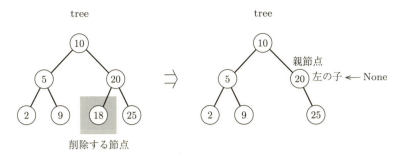

図 6.10 節点の削除：葉

点の間の接続が失われ，木の分断が発生するため，再接続する必要である．図 6.11 の例では，ラベル 20 の節点が削除されれば，根節点とラベル 25 の節点 (孫節点) の間の接続が失われる．この分断を解消するには，ラベル 25 の節点を根節点の右の子にすればよい．

③ 節点に子が 2 つ：子を 2 つ持つ節点を削除する処理が最も複雑である．図 6.12 の通り，ラベル 10 の節点がラベル 8 とラベル 20 の左右 2 つの子節点を持つ．ラベル 10 の節点を削除すれば，この木が 3 つに分断されるため，代替節点を探さなければならない．代替節点の値は以下の要件を満たさなければならない．

- 削除する節点の親節点より大きい．
- 削除する節点の左部分木の任意の値よりも大きい．
- 削除する節点の右部分木の任意の値よりも小さい．

これら条件を全部満たす節点は 2 つ，それぞれ左部分木の最大節点，お

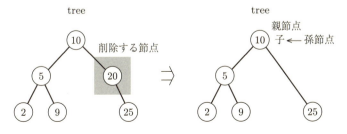

図 6.11 節点の削除：子を 1 つ持つ節点

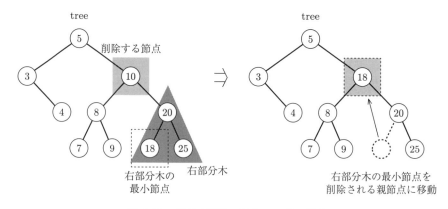

図 6.12 節点の削除：子を 2 つ持つ節点

および右部分木の最小節点である．ここでは，右部分木の最小節点を代替節点とする．図 6.12 では，右部分木の最小節点はラベル 18 の葉であり，これをラベル 10 の節点に置き換えればよい．本図例では，右部分木の最小節点は葉であるが，葉でない場合，その節点を取り除いて用いるために，再帰的に節点の削除と木の再構成をする必要がある．

節点を削除する Python プログラムの一例はソースコード 6.10 で示した BST_delete(node, label) である．受けとる 2 つの引数 node と target はそれぞれ木の根，および削除したい値である．リターン値は target を削除した後の木の根である．再帰呼び出し関数のリターン値は target を根とする部分木から target を削除した後の根であり，これを元の木と再接続する．

BST_delete(node, target) の 3～10 行目で target を格納する節点を探し当てたときの削除処理を行う．4～7 行目で削除すべき節点が葉，または子 1 つ持つ節点の 2 状況を解決する．節点が葉の場合，`if node.left is None:` の条件が満たされるため，`return node.right` が実行される．しかし，葉節点の右の子も None であるため，リターン値は None になる．一方，節点が子 1 つ持つ節点であれば，4 行目と 6 行目のいずれかの if 文の条件が満たされるため，子節点がリターンされる．

4 行目と 6 行目両方の if 文の条件が満たされない場合，削除すべき節点の左右両方に子を持つこととなる．つまり，右部分木の最小節点を見つけ，元

ソースコード 6.10　木から節点を削除する関数

```python
def BST_delete(node, target):
    if node:
        if target == node.label:
            if node.left is None:
                return node.right
            elif node.right is None:
                return node.left
            else:
                node.label = BST_min(node.right).label
                node.right = BST_delete_min(node.right)
        elif target < node.label:
            node.left = BST_delete(node.left, target)
        else:
            node.right = BST_delete(node.right, target)
    return node
```

の位置から削除し，部分木の根節点に持ってくる必要がある．ここで，右部分木の最小節点を見つける BST_min(node) 関数および最小節点を削除する BST_delete_min(node) 関数（ソースコード 6.11, 6.12）を用いるため，まずこの 2 つの関数を紹介する．

ソースコード 6.11　部分木から最小値の節点を探索する関数

```python
def BST_min(node):
    if node.left is None:
        return node
    else:
        return BST_min(node.left)
```

ソースコード 6.12　部分木から最小値の節点を削除する関数

```python
def BST_delete_min(node):
    if node.left is None:
        return node.right
    node.left=BST_delete_min(node.left)
    return node
```

BST_min(node) は引数 node を根とする部分木の左の子を探し続ける方式で最小値を格納する節点を発見しリターンする．

BST_delete_min(node) は引数 node を根とする部分木の最小値を格納する節点を削除する．リターンするのは節点を削除した後の部分木の根である．node に左の子がなければ，すなわち node の値が部分木の中の最小値になるため，node 自体を削除し，その右の子を部分木の根としてリターンする．node に左の子があれば，すなわちより小さい値が左の部分木に存在するため，左部分木に対して BST_delete_min(node) 関数を再帰呼び出しする．

BST_delete(node, target) 関数の 9〜10 行目では削除すべき節点を「削除」ではなく，ラベル値を上書きすることで，値の付け替えを行う．具体的に，9 行目で右部分木の最小値を格納する節点を見つけ，そのラベル値で node のラベルを上書きし，10 行目でその節点を削除した右部分木の根を node の右の子にセットする．BST_delete(node, target) 関数の 11〜14 行目は target と同じラベル値を有する節点を再帰的に探索し削除するものである．

二分探索木の削除にかかる計算量は，節点の数を N とすると平均 $\mathcal{O}(\log N)$ であるが，最悪時 $\mathcal{O}(N)$ かかる．

ソースコード 6.13 は BST_delete(node, target) を実行した結果である．BST_insert(node, label) で作成した木から根節点 10 を削除した後，10 の値が消えたことを BST_show(tree) で確認できる．

ソースコード **6.13** BST_delete(node, target) の実行結果

```
1  ■■■ INPUT ■■■
2  BST_delete(tree,10)
3  BST_show(tree)
4  ■■■ OUTPUT ■■■
5  2
6  5
7  9
8  18
9  20
10 25
```

例題 6.2 二分探索木の任意の部分木における最大値を求めるプログラムを作れ．

解答 木の根から右の子を繰り返してたどれば，最大値が見つかる．

```python
def BST_max(node):
    if node.right is None:
        return node
    else:
        return BST_max(node.right)
```

章末問題

6-1 線形探索のフローチャートを書け．

6-2 二分探索のフローチャートを書け．

6-3 線形探索のソースコード (ソースコード 6.1) には，探索失敗時 (探索値の該当がない) の処理が記述されていない．探索失敗時に「`No such value.`」を出力するようにプログラムを修正せよ．

6-4 探索回数を出力するように，線形探索のソースコード (ソースコード 6.1) を修正せよ．

6-5 探索回数を出力するように，二分探索のソースコード (ソースコード 6.2) を修正せよ．

6-6 100,000 以下の素数を昇順にリスト PrimeNum に保存し，任意の数値を input で読みとり，それが素数かどうかを PrimeNum に対して線形探索によって求めるプログラムを書け．また，結果が出るまでの探索回数も出力せよ．

6-7 100,000 以下の素数を昇順にリスト PrimeNum に保存し，任意の数値を input で読みとり，それが素数かどうかを PrimeNum に対して二分探索によって求めるプログラムを書け．また，結果が出るまでの探索回数も出力せよ．

6-8 *6-6* と *6-7* で作成された PrimeNum の要素を順番にソースコード 6.5 に適用した場合，生成される二分探索木の形状はどうなるか答えよ．この木で探索する際の平均時間計算量を答えよ．

6-9 100 までの素数を使って完全二分探索木 (広義) を書いてみよ．

第 7 章

ソート

　第1章で紹介したトランプカードの話のように，ソートアルゴリズムは非常に身近なところにある．ソートといっても，用いる基準は必ずしも数字の大小だけでなく，文字の順序や距離の長短など，一意に比較可能な尺度があればなんでもソートの対象となりうる．

　たとえば，トランプ，麻雀のようなカードや牌を扱うテーブルゲーム，アイテムやキャラクターを数多く扱うテレビゲームやパソコンゲームなど，多くの場面でソートが使われている．日常生活では，電話の連絡帳ならアルファベット順や五十音順，電車や地下鉄の路線図なら位置に基づくソートのアルゴリズムが裏で役に立っている．

　データを単調増加的に並べるソートを昇順ソートといい，単調減少的に並べるソートを降順ソートという．本書では特記しない限り，昇順ソートを扱うことにする．降順ソートを使用したければ，昇順ソートアルゴリズムの不等号を逆にすればよい．

7.1　バブルソート

　第1章で最初に紹介したソート法はボゴソートである．これは英語でショットガンソート (*Shotgun sort*) とも呼ばれ，撃ちまくれば当たるというジョークの入った名称である．アルゴリズムの観点で見ると，極めて効率が悪いだけでなく，最悪時間計算量が $\mathcal{O}(\infty)$ ということは，運が悪ければ停止しないことがある．これらの特徴からもボゴソートは真っ当なソートアルゴリズムではないことがわかる．

教育によく用いられるソートアルゴリズムの1つは**バブルソート**である．バブルソートの長所は原理が単純で学習と実装が容易であること，並列処理との親和性が高いことなどが挙げられる．一方，第1章で説明したように，計算効率が高いとはいえず，大規模ソート処理に向かない．

バブルソートは隣り合う要素の大小を比較しながら整列させるため，基本交換法，隣接交換法ともいう．その操作手順は以下である．

① 整列データを末尾(右端)から先頭(左端)へ線形走査しながら，隣り合う2数を比べる．
② 小さい数字を前に，大きい数字を後ろに並べ替える(Swap)．
③ 一通り線形走査が完了すると，最小の数字が必ず一番前(左端)に移動されたはずである．
④ 手順①に戻る．ただし，先頭2番目まで(その次は3番目，4番目，…)到達すると完了する．

この手順を図 7.1 に示す．図中の整数配列 Num は 5 つの整数を保有し，{15, 4, 3, 11, 10} である．また，i は走査の巡目を表し，$i=0$ は1巡目の走査を意

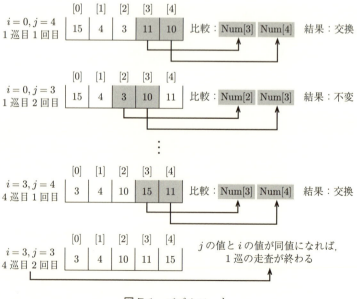

図 7.1 バブルソート

味する．j は走査中の位置を表し，$j=4$ は末尾の配列添え字 [4] を意味する．

1巡目の走査中1回目の比較において，j の値が4であり，Num[3] と Num[4] の比較が行われ，Num[3] の値 11 が Num[4] の値 10 より大きいため，2数を並べ替える．次の比較は j が 3 となり，Num[2] と Num[3] の間で行われ，Num[2] の値 3 が Num[3] の値 10 より小さいため，そのままにする．その次は j が 2 となり，さらに左の2数を比較する．j の値が i の値と同じになれば，1巡の走査が終わる．

i の値が1増加し，j の値が末尾位置である4に戻り，次巡の走査に移る．1巡終わるたびに i の値が成長するため，走査中の比較回数が少しずつ少なくなる．やがて i の値が配列の末尾位置に達し，ソートアルゴリズムが完了する．

数値が左側から順次に確定していく様子が泡が上昇していく様子に似ていることにバブルソートの名前が由来する．実装の方法によっては右側から確定していく方式もあるが，本質は同じである．

このアルゴリズムを表すフローチャートおよび Python プログラムをそれぞれ図 7.2 とソースコード 7.1 に示す．

ソースコード 7.2 は上のプログラムで整数列 {15, 4, 3, 11, 10} をバブルソートで整列する過程を示す．この結果からも，左方にある大きい数字が泡のように右側へ移動していく様子が確認できる．整列させる数字の数を N とすれば，バブルソートの比較回数は高々 $N(N-1)/2$ 回である．そのため，計算量は $\mathcal{O}(N^2)$ である．

ソースコード 7.1　バブルソート

```
1  Num =[15, 4, 3, 11, 10]
2
3  for i in range(len(Num)-1):
4      for j in range(len(Num)-1, i, -1):
5          print('i:',i,'j:',j, 'Num:',Num)   # 途中結果出力
6          if Num[j] < Num[j-1]:
7              Num[j], Num[j-1] = Num[j-1], Num[j]
8  print('整列後の Num:',Num)
```

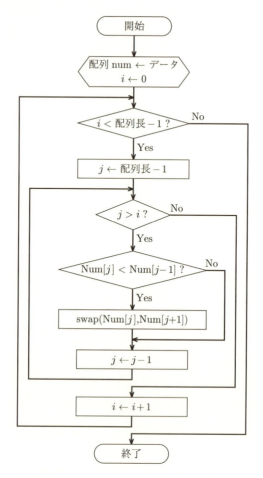

図 7.2 バブルソートのフローチャート

ソースコード **7.2** バブルソートによる整列過程

```
1 ■■■ Input ■■■
2 print(' 整列後のNum:', Num)
3 ■■■ Output ■■■
4 i: 0 j: 4 Num: [15, 4, 3, 11, 10]
5 i: 0 j: 3 Num: [15, 4, 3, 10, 11]
6 i: 0 j: 2 Num: [15, 4, 3, 10, 11]
7 i: 0 j: 1 Num: [15, 3, 4, 10, 11]
8 i: 1 j: 4 Num: [3, 15, 4, 10, 11]
```

```
 9 i: 1 j: 3 Num: [3, 15, 4, 10, 11]
10 i: 1 j: 2 Num: [3, 15, 4, 10, 11]
11 i: 2 j: 4 Num: [3, 4, 15, 10, 11]
12 i: 2 j: 3 Num: [3, 4, 15, 10, 11]
13 i: 3 j: 4 Num: [3, 4, 10, 15, 11]
14 整列後のNum: [3, 4, 10, 11, 15]
```

7.2 分割統治法

解決対象となる問題が難しすぎて一筋に解決困難な場合がある．このような問題を効率的に解く手法の1つに**分割統治法** (*divide and conquer*) がある．その基本的な考え方は，大きな問題をいくつかの小さな問題に分割して，それぞれを独立に解決し，それらの結果を組み合わせて最終的に大きな問題を解決する方式である (図 7.3)．

分割統治法は政治統治に長く利用されている．古代ローマ帝国は，広大な征服地域を統治するために，都市間の連帯を禁じ都市ごとに応じて異なる処遇と法律を与えることによって，反乱を抑えることに成功し極めて長い帝国体制を維持できた．

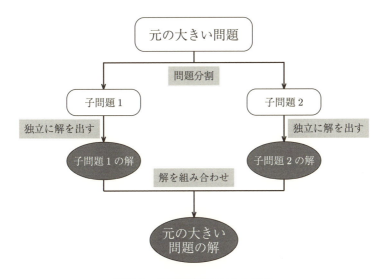

図 **7.3** 分割統治法のコンセプト

この手法をアルゴリズムに適用することで時間計算量を著しく低減させる可能性がある．たとえば，バブルソートの時間計算量が，整列させるデータ数を N とすると $\mathcal{O}(N^2)$ である理由は，同じデータ列に対して 2 重ループで走査しなければならないことである．そのデータ列 N を $\frac{N}{2}, \frac{N}{4}, \frac{N}{8}$ に分割することができれば，総計算量が著しく減ることが予想される．

分割統治法を適用するには，いくつかの条件を満たさなければならない．

- 問題を分割する方法が確立している必要がある．特に，部分問題の性質が同じになることが望ましい．
- 部分問題の解を組み合わせる方法が確立している必要がある．
- 部分問題をほぼ均等な大きさに分割できることが望ましい．

分割統治法をアルゴリズムに取り入れて実装するには「関数の再帰呼び出し」という方法を使う．ある関数の中に，終了条件を明示的に示した上，再度自分を呼び出す技法である．終了条件の設定を間違えると無限ループに陥ってしまう可能性があるため注意する必要がある．

再帰呼び出しを利用する重要なアルゴリズムはこれから説明するクイックソートである．その他に，漸化式を用いる問題が再帰呼び出しで簡単に解決できる．たとえば，階乗，フィボナッチ数列などの計算が挙げられる．本章の実装例の多くに再帰呼び出しを用いているため参考にしてほしい．

7.3 クイックソート

クイックソートはアルゴリズムの学習において最重要なアルゴリズムの 1 つである．その特徴は，比較的簡単な実装で N 個のデータを平均時間計算量 $\mathcal{O}(N \log N)$ でソート可能なことである．本書では詳述しないが，ほかにも $\mathcal{O}(N \log N)$ の平均時間計算量を有するソート手法 (ヒープソート，マージソートなど) があるが，実際の計算時間において一般的にクイックソートが最高速の整列アルゴリズムであるといわれている．

図 7.4 を用いてクイックソートの原理を説明する．

① 基準値 pivot を選ぶ．pivot はデータ列を分割する値となる．その値が極端に偏ると時間計算量が増えてしまう．均等 2 分割できる値が最も望ま

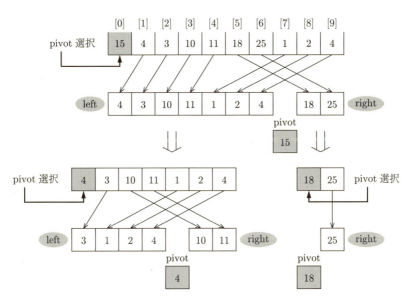

図 7.4　クイックソートの原理

しい．しかし，最適な pivot を選択することは本体のアルゴリズムを複雑にするため，簡単のためにデータ列先頭の Num[0] を用いる．
② 新たな空配列 left と right を用意し，手あたり次第 pivot 以下の値を left に格納し，pivot より大きい値を right に格納する．
③ 配列 left と right それぞれに対して quickSort を呼び出し，①〜③の手順を繰り返すことでさらに細分化していく．
④ 配列サイズ 1 以下となれば終了し，値をリターンする．再帰に呼び出された各関数から戻される配列を組み合わせたものがソート結果である．

図 7.4 からもわかるように，ソート対象のデータ列は繰り返しごとにほぼ折半されていき，あっという間に短くなる．仮に pivot 値が常にデータ列を均等に分割できれば，分割にかかる計算量は $\mathcal{O}(\log N)$ であり，データ列内の走査が $\mathcal{O}(N)$ であるため，合わせて $\mathcal{O}(N \log N)$ の時間計算量でソートできることがわかる．

Python で実装したプログラム例がソースコード 7.3，その実行結果がソースコード 7.4 である．

ソースコード 7.3　クイックソート

```
1   def quickSort(Num):
2       if len(Num)<=1:
3           return Num
4   
5       left=[]    # 左配列を初期化
6       right=[]   # 右配列を初期化
7   
8       pivot= Num[0]
9       for x in Num[1:]:
10          if x<=pivot:
11              left.append(x)
12          else:
13              right.append(x)
14      print(left+[pivot]+right)   # 途中結果出力
15      return quickSort(left) + [pivot] + quickSort(right)
```

ソースコード 7.4　クイックソートによる整列過程

```
1   ■■■ Input ■■■
2   Num=[15, 4, 3, 10,11, 18, 25, 1, 2, 4]
3   print('整列後の Num:',quickSort(Num))
4   ■■■ Output ■■■
5   [4, 3, 10, 11, 1, 2, 4, 15, 18, 25]
6   [3, 1, 2, 4, 4, 10, 11]
7   [1, 2, 3, 4]
8   [1, 2]
9   [10, 11]
10  [18, 25]
11  整列後のNum:  [1, 2, 3, 4, 4, 10, 11, 15, 18, 25]
```

一方，クイックソートの最悪時の計算量を考えよう．クイックソートにとっての最悪の入力データ列は整列済み，または逆順に整列されているデータである．pivotの値が常に極端に偏るため，leftとrightに分割した結果，一方が空で，他方に $N-1$ 個のデータが残る．QuickSortの再帰呼び出しを完了するには N 回の繰り返しが必要となり，各回の走査にかかる計算量 $\mathcal{O}(N)$ を合わせると，$\mathcal{O}(N^2)$ の時間計算量になることがわかる．ソースコード7.5でこの状況を引き起こす入力例を示している．

ソースコード 7.5 クイックソートにとっての最悪状況

```
1  ■■■ Input ■■■
2  Num=[1, 2, 3, 4, 5, 6, 7, 8, 9, 10]
3  print('整列後のNum:',quickSort(Num))
4  ■■■ Output ■■■
5  [1, 2, 3, 4, 5, 6, 7, 8, 9, 10]
6  [2, 3, 4, 5, 6, 7, 8, 9, 10]
7  [3, 4, 5, 6, 7, 8, 9, 10]
8  [4, 5, 6, 7, 8, 9, 10]
9  [5, 6, 7, 8, 9, 10]
10 [6, 7, 8, 9, 10]
11 [7, 8, 9, 10]
12 [8, 9, 10]
13 [9, 10]
14 整列後のNum: [1, 2, 3, 4, 5, 6, 7, 8, 9, 10]
```

最強！？ バケツソート # Column

ボゴソートと並んで単純極まりないアイデアのソートアルゴリズムが，**バケツソート**である (ビンソートなどとも呼ばれる)．

ソートしたい N 個のデータが $0 \sim M$ までの整数に限られている場合に，$0 \sim M$ までの番号を付けた $M+1$ 個のバケツを用意して，それぞれのデータを対応する番号のバケツに放り込んでいく．同じ値が複数回含まれるようなデータの場合は，バケツの中身をリスト構造へのポインタなどにすればよい．あとは，バケツを順に見て回るだけで，小さいデータから順に処理できる．M がそれなりに小さいなどデータの内容に強い制限があるため使える場面は限られるが，きわめて単純な方式で $\mathcal{O}(N)$ の速さで動作する実用的なアルゴリズムである．

たとえば，初代 PlayStation では，3DCG の描画にバケツソートが使われていた．3DCG を扱う場合，遠くのキャラが背景の後ろに隠れてしまったり，近くのキャラが遠くのキャラの後ろに隠れてしまったりという，おかしな絵が描画されてしまうのを防ぐ必要がある．そのため，当時は，**Z ソート**と呼ばれる，視点から遠いポリゴンから順に描画する方法が使われていた[1]．なお，ポリゴンがとりうる視点からの距離のすべてに対応するバケツを用意するのは無理なので，適切に定めた M 個のバケツだけを用意して，距離によってポリゴンを M 段階に分ける方法が採られていた．

このようなデータを値に従って分類する手法は，データを度数分布に整理する場合のやり方そのものである．

---

[1] Z ソートの Z は，(X, Y, Z) 座標の Z．画面の座標を (X, Y) とすると Z 座標が奥行きを表すことになる．その後の 3DCG では，より正確な描写のためにピクセルごとに前後関係を比べる **Z バッファ**というアルゴリズムが主流である．

章末問題

7-1 3つの数列がある.

A： 1, 2, 3, 4, 5, 6, 7, 8, 9, 10, 11, 12, 13, 14, 15, 16, 17, 18, 19, 20
B： 20, 19, 18, 17, 16, 15, 14, 13, 12, 11, 10, 9, 8, 7, 6, 5, 4, 3, 2, 1
C： 17, 3, 10, 9, 11, 4, 12, 5, 20, 7, 2, 19, 16, 1, 6, 18, 14, 8, 13, 15

(1) バブルソートで昇順にソートした場合の時間計算量を示せ.

(2) クイックソートで昇順にソートした場合の時間計算量を示せ.

7-2 バケツソートのフローチャートを書け.

7-3〔難〕 バケツソートを実装し,上記3つの数列を昇順にソートした場合の時間計算量を示せ.

第 8 章

ハッシュテーブル

　ハッシュテーブルは配列と並んでよく使われる極めて実用的なデータ構造であり，近年のプログラミング環境においてはその理解は欠かせない．

　表 8.1 のような値段表を用意して，指定された果物の値段を調べる作業について考えよう．第 6 章の通り，何の工夫もなく適当な順序で果物の名前と値段が記録されていると，指定された果物を探し出すのには，表に格納されたデータの個数が N 個の場合に $\mathcal{O}(N)$ の時間がかかってしまう．また，表を果物の名前の辞書順 (文字コード順) になるようにソートしておけば，二分探索法を用いて $\mathcal{O}(\log N)$ の時間で素早く値段を調べられるが，項目を追加したい場合は順序を保って追加する処理が必要になる．それに対して，項目の追加も探索も $\mathcal{O}(1)$ に近い時間でできるのがハッシュテーブルである．

　本章では，その基礎となるハッシュ法のアルゴリズムと，ハッシュテーブルの使い方に関して解説する．

表 8.1　果物の値段表

果物	値段
りんご	100 円
バナナ	200 円
みかん	50 円
キウィ	150 円

8.1 ハッシュ法

ハッシュテーブル (*hash table*) を一言で説明すると，**キー**と**値**のペアを関連付けて格納するデータ構造である．表 8.1 の例であれば，果物の名前が**キー**で，それぞれの値段が**値**になる．ハッシュテーブルは，**ハッシュ法** (*hashing*) と呼ばれるアルゴリズムで実装される．

ハッシュ法を理解するために，まず，キーと値のペアではなく，何らかのデータが表に含まれているかどうかだけを判定する仕組みを考えよう．たとえば，人物のデータが格納された会員の一覧表を作っておき，誰かが尋ねてきた際に，その人物が会員であるかどうかを調べるような作業である．ハッシュ法では，まず**ハッシュ表** (*hash table*) を用意する[1]．ハッシュ表は，データ構造としては単純な配列で，格納できるデータの個数が決まっている．ハッシュ表のサイズはとりあえず適当に決めてもよいが，小さすぎると性能が悪くなり，大きすぎるとメモリの無駄になる．ここではハッシュ表のサイズを N とする．次に，以下のような性質を満たす**ハッシュ値** (*hash value*) を求めるための，**ハッシュ関数** (*hash function*) を準備する．

- 格納される可能性のあるあらゆるデータについて一定時間で計算できて，0 以上 N 未満の整数値になる
- 同じデータに対して計算すると常に同じ値とならなければならない
- 様々なデータに対するハッシュ値の分布が一様なランダムに近ければ近いほどよい
- 複数の異なるデータが同一のハッシュ値を持ってもよい

そして，データを格納する際には，まず，そのデータのハッシュ値 h を計算し，ハッシュ表の h 番目の箱にそれを格納する．たとえば，誕生日は人物のデータを扱う際に優秀なハッシュ値になる．どんな人にも誕生日はあり，日が決まっていて，変わることがない．また，2 月 29 日を除けば，ほぼ一様に分布することが期待できる．会員表を作る際に，2 月 29 日を含めて 1 年のすべての日に対応するよう 366 個までデータを格納できるハッシュ表を用意し，人物の記録を

---

[1] 本書ではこれ以降，プログラム言語で使用するキーと値のペアを格納するデータ型と，ハッシュ法を実装する際に用いる表を区別するため，前者をハッシュテーブル，後者をハッシュ表と呼びわけて表記することにする．

追加する際にはその人の誕生日のところへ格納するようにする．運良く，誕生日が同じ会員が居なければ，ある人物が会員かどうかを調べたい場合は，その人の誕生日のところだけを見るだけで済む．これが，$\mathcal{O}(1)$ で動作することが期待できる大まかなアイデアである．

ところで，誕生日が同じ人物についてはどうすればよいだろう？　確率論からいえば，23 人の人間が集まるだけで，その中に誕生日が同じ人が 50% 以上の確率で存在する[2]．また，どんなに運よく誕生日がばらけていたとしても，確保した箱は 366 個しかないため，367 人以上の人物のデータを記録しようとすると確実にどこかが重複する[3]．これを **ハッシュ値の衝突** と呼び，この問題に対しては，次の節のようないくつかの解決策が考えられている．

例題 8.1　以下の文章に含まれる【　】の中から，正しいものを選べ．

(1) 2 つのデータのハッシュ値が等しいことは，データが等しいことの【必要 / 十分】条件である．

(2) 2 つのデータが等しいことは，ハッシュ値が等しいことの【必要 / 十分】条件である．

(3) 2 つのデータのハッシュ値が【一致すれば / 一致しなければ】，2 つのデータは【等しい / 等しくない】．

解答　(1) 必要　　(2) 十分　　(3) 一致しなければ − 等しくない

誕生日の例で考えればわかりやすい．誕生日が一致したからといって同じ人物とみなすとおかしなことになるが，誕生日が一致しなければ確実に別人である．

---

[2] この，少人数しか居なくても割と誕生日が被りがちという意外性は，**誕生日のパラドックス** と呼ばれる．
[3] この当たり前の現象は，**鳩の巣原理** と呼ばれ，数学の意外と深いところで活躍する．

8.2 ハッシュ値の衝突問題の回避

ハッシュ値が衝突した場合の処理としてよく使われる，以下の3つのアルゴリズムを紹介する．

(a) データを入れたい箱が埋まっている場合は，その次の箱へ入れる．そこも埋まっているなら次の次の箱…と順に試みる (図 8.1)．表の最後まで埋まっていた場合には表の先頭へ戻って空いている箱を探し続ける

(b) 複数のハッシュ関数を用意しておき，1個目のハッシュ関数で決まる箱が埋まっている場合は，2個目のハッシュ関数を使って別の箱を探す．そこも埋まっているなら3個目のハッシュ関数…と順に試みる (図 8.2)

(c) データそのものを入れるのではなく，データのリストへのポインタを箱に入れていく (図 8.3)

なお，(a) と (b) は，**開番地法 (オープンアドレス法)** と呼ばれ，データ数がハッシュ表の大きさを超えない範囲でのみ使える方法である．(c) は**連鎖法**と呼ばれ，任意の個数のデータを扱うことができる．

ソースコード 8.1 に，(a) のアルゴリズムを Python 言語で実装した例を示す．put(データ) でデータをハッシュ表に追加でき，get(データ) とした場合に，データが格納されていればデータそのもの，そうでなければ「`None`」を返す実装になっている．N がハッシュ表の大きさで，hash_table をハッシュ表として N 個の空 (None) の箱を確保している．calc_hash がハッシュ関数で，ここでは Python の標準関数である hash 関数[4]で計算した値を N で割った余りをハッシュ値としている．ちなみに，このプログラムの 10〜12 行目と 20 行目は実質的に同じことをしているのがわかるだろうか．h を 1 ずつ増やして N になったら 0 に戻すという処理だが，20 行目のように余りを求める「`%`」演算子を用いて実装するのも定石の 1 つである．

開番地法におけるデータの取り出し処理では，データがそのデータのハッシュ値が示すところに格納されていない可能性に注意する必要がある．ソースコード 8.1 の get のように，ハッシュ値が示す場所に探し出したいデータと異なるデータが格納されていた場合，次に格納される場所．その次に格納される場所，

---

[4] まさにハッシュ法などのために用意された関数である．渡されたデータから，ハッシュ関数の条件を満たすような値を上手く計算するよう設計されている．

8.2 ハッシュ値の衝突問題の回避   139

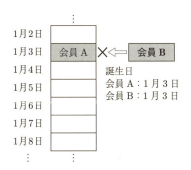

(1) **会員 B** を 1 月 3 日の枠に登録しようとしたが既に埋まっている

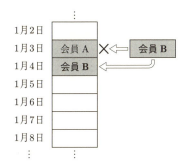

(2) 次の 1 月 4 日が空いているので**会員 B** は誕生日とは異なってしまうが，そこに登録する

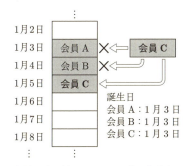

(3) **会員 C** も同様に，ハッシュ値が衝突すると次の次の空いているところへ格納する

図 **8.1** 開番地法 (a) の動作の概略

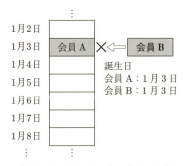

(1) **会員 B** を 1 月 3 日の枠に登録しようとしたが既に埋まっている

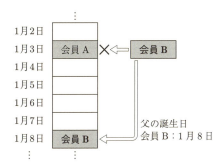

(2) 代わりに父の誕生日である 1 月 8 日の枠に**会員 B** を格納

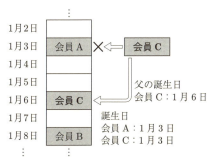

(3) **会員 C** も同様に会員 C の父の誕生日の枠に格納

図 **8.2** 開番地法 (b) の動作の概略

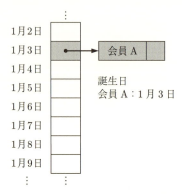

(1) ハッシュ表にはデータへのポインタを格納しておく

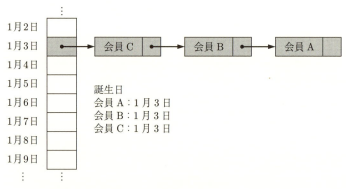

(2) ハッシュ値が衝突した場合は、リスト構造の要領でポインタを繋いで格納していく

図 8.3 連鎖法 (c) の動作の概略

と順番にみていく必要がある．たどっていく内に，空欄 (None) に遭遇してはじめて，そのデータは格納されていないことが判明する．

さて，(a) は実装が簡単だが，入れるべき箱が埋まっていた場合に次に試みる場所がどのデータでも同じであるため，埋まった箱の塊ができるとその塊が大きくなりやすく，性能が劣化しやすいという問題がある．たとえば，図 8.1 のように，3 人の会員の誕生日が重なっていると，1 月 3 日〜1 月 5 日の 3 つの箱が連続して埋まる．その後，誕生日が 1 月 3 日〜1 月 5 日のいずれかの会員が来てしまうと，この塊の最後まで順にたどらないと空きに行き当たらず効率が悪い上に，更に塊が大きくなる．

ソースコード 8.1　開番地法 (a) の Python での実装例

```python
N = 10
hash_table = [None] * N

def calc_hash(x):
    return hash(x) % N

def put(x):
    h = calc_hash(x)
    while hash_table[h] != None:
        h += 1
        if h >= N:
            h = 0
    hash_table[h] = x

def get(x):
    h = calc_hash(x)
    while hash_table[h] != x:
        if hash_table[h] == None:
            return None
        h = (h + 1) % N
    return hash_table[h]
put(100)
print(hash_table)
put(23)
print(hash_table)
put(53)    # ハッシュが衝突する場合
print(hash_table)
print(get(53))
print(get(13))   # ハッシュテーブルに存在しない値を get
```

一方，(b) は複数のハッシュ関数を用意しておく必要があるなど実装が複雑になるが，性能の劣化はある程度押さえられる．複数のハッシュ関数としては，図 8.2 のように，本人の誕生日の箱が埋まっているなら父親の誕生日の箱を調べる，それも埋まっていれば母親，祖父，祖母，…と先祖代々の誕生日を遡って行く，というような例が考えられる．ある 2 人の誕生日が同じで，2 人の父親の誕生日も同じ，という偶然の一致は起こりにくいため，大体は 1 回のたらい

回しで空いた箱が見つかる．そこが埋まっていても，次もまったく法則性のない別の日付の箱を見に行くため，埋まっている箱に当たり続ける可能性は低い．

これらのアルゴリズムの定性的な時間計算量の評価については複雑になるため，より専門的な解説書に譲るとして，ここでは簡単な実験を行った例を紹介する．ソースコード8.1のプログラムとそれを(b)のアルゴリズムに書き直したものに，たらい回しされる回数を計測するコードを追加して，$N=100$のハッシュ表に，0〜99999の範囲の一様乱数を追加していった．ハッシュ値は追加する値の下2桁とした．開番地法(b)の方は，2つ目以降のハッシュ関数として，元の値を種とした擬似乱数列を用いている．つまり，最初に収まるべき場所に収まらなかった場合は，元の値から一意に定まるでたらめな順序で空きを探す．図8.4，図8.5は，横軸がある値を表に追加しようとした時点で表に追加済みだった要素数，縦軸にその値を納める場所を探す際に何回たらい回しになったかをグラフにプロットしたものである．この実験を10回行ったそれぞれの結果を灰色の線，それらの平均を黒い線でプロットした．

図8.4，図8.5を見比べると，開番地法(a)の方は，灰色で描いた個々の値の所々に飛び出たところがあり，たまに運悪く大きな塊ができた際に性能が大きく劣化していることが見てとれる．一方で，開番地法(b)の方は，比較的安定してよい性能を発揮しているが，最後のいくつかを追加する際に性能が極端に大きく劣化している．これは，(b)が，でたらめに空きを探して回る仕組みになっているのが原因である．なかなか揃わないトレーディングカードなどと同じで，たまたま最後に残ったわずかな空きに当たるまで探索を繰り返しているため，Nの数倍になることも珍しくない．(a)では，少なくとも順に一周すべてを見て回れば空きが見つかるため，たらい回しがN回を超えることはあり得ない．

実際には，(a)と(b)を併せたハイブリッドな手法が用いられることが多い．たとえば，Pythonのバージョン3.6.1では[5]，まず，巨大なハッシュ値を1つ求めておき，その一部を順に切り出して(b)用の複数のハッシュ値として使い，すべてを使い切った後は(a)のアルゴリズムに自動的に移るような仕組み

---

[5] これ以降は，Python 3.6.1の時点での実装を前提として話を進める．Pythonインタプリタは常に改良され続けており，それ以降のバージョンでは，ここで紹介したものより性能のよいアルゴリズムに置き換わっている可能性がある．

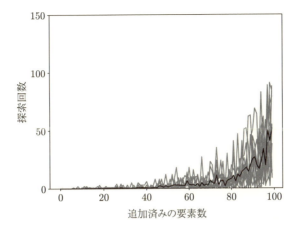

図 8.4　開番地法 (a) の性能の評価結果

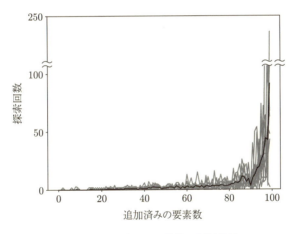

図 8.5　開番地法 (b) の性能の評価結果

が使われている．(a) と (b) のいずれにしても，$\frac{n}{N}$ が 0.7 を越えた辺りから性能が大きく劣化している．直感的にもわかることであるが，これらのアルゴリズムはハッシュ表が一杯まで埋まっていくような使い方をすべきではない．

図 8.6 は，(c) の連鎖法でのデータを取り出す際にリストをたどる回数を同様の実験で確かめてプロットしたグラフである．連鎖法は N 個を越える個数のデータを保持できるため，ここでは 200 個まで試している．連鎖法では，要素の追加はリ

ストへのデータの追加なので $\mathcal{O}(1)$ で済む.一方,n 個のデータが格納されている場合,均等にばらけていれば,ハッシュ表のそれぞれの箱は長さ $\frac{n}{N}$ 程度のリストを指すことになる.よって,データを探すのにかかる平均時間は $\mathcal{O}(\frac{n}{N})$ に比例し,実際に図8.6のような結果が得られている.n が小さい間はよい性能を見せるが,n が N に対して大きくなると,線形探索の高々 N 倍の性能しか得られない.

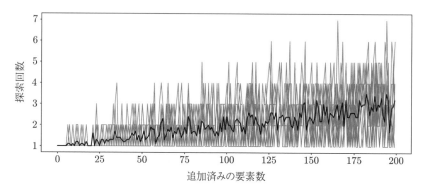

図 8.6 連鎖法 (c) の性能の評価結果

ハッシュ値を使ってデータを比較? # Column

例題8.1の解説のとおり,ハッシュ値が一致したからといってデータが等しいことにはならないが,一致しなければデータが異なることは確定する.そこで,2つのデータが等しいかどうか調べる処理は,下記のようにすることでいくらか高速化できる.

① データのハッシュ値を比較する

② ハッシュ値が一致しなかった場合はデータが等しくないことが確定

③ 一致した場合にはデータの中身をきちんと比較する

前述の Python の hash 関数は,データから64ビットの整数 (約 -922 京〜922 京の範囲の整数) という,そのままハッシュ表に使うには過剰に巨大なハッシュ値を算出する[6].滅多なことでは衝突しないので,データが等しくない場合にはほぼ確実に②で処理が終わる.なお,このハッシュ値は,文字のデータなら文字コードから,複数の項目からなるデータなら各項目のハッシュ値から計算される.また,何度も計算し直さなくて済むように,一度計算したハッシュ値はデータの付加情報として記録しておいて次からはそれを使う工夫がされている.そのため,後で内容を書き換えられるようなデータのハッシュ値を求めることはできない.

---

[6] 64ビット版の Python の場合.32ビット版ではもっと狭い範囲の値が算出される.

例題 8.2 Python の hash 関数をいろいろと試してみよう[7].

```
print(hash('りんご'))
print(hash('り' + 'んご'))
print(hash('さんご'.replace('さ','り')))
print(hash("ごんり"[::-1]))
print(hash('リンゴ'))
```

解答 最終的に "りんご" という文字列になるなら，"り" と "んご" をくっつけたものでも，"さんご" の "さ" を "り" に置き換えたものでも，"ごんり" を逆順にしたものでも，ハッシュ値は同じになる．一方で，"リンゴ" は違った値になる[8]．

追加の注意点として，プログラムが動き続けている限りは何度計算させても同じ値になるが，プログラムを終了させてからもう一度実行すると違う値になる[9]．実は以前は何度実行しても同じ値になるようになっていて，内容が異なるにも関わらずハッシュ値が衝突するような複数のデータを，ハッシュ関数から逆算して狙って作り出すこともできた．そうして作ったハッシュ値が衝突する大量のデータを処理させると，ハッシュ法や前のコラムのようなデータの不一致の確認が台無しになり，処理性能が大幅に悪化する．そのことを悪用してのサーバの処理を溢れさせるサービス妨害 (Denial of Service, DoS) 攻撃が問題になり，どんな値になるかは Python プログラムが動き始めるまで予想できない仕組みに改良された．

---

[7] replace は文字列の一部を置き換える関数で，[::-1] は文字列を逆順にする Python での定番のやり方．

[8] 偶然に一致する可能性があるかも知れないが，前述の通り，一致する確率は $\frac{1}{2^{64}}$ 程度なのでもし当たったら自慢できる．

[9] Python 環境として Jupyter Notebook などを使っている場合，メニューから Kernel → Restart するか，パソコンを再起動させるなどして Python の実行環境を再起動させないと変わらない．

例題 8.3〔難〕ソースコード 8.1 のプログラムを，開番地法 (a) と (b) のハイブリッドなアルゴリズムを使うように改造してみよう．

解答 たらい回し回数が増えたときに，開番地法 (b) から (a) に自動的に切り替わるような hash 関数を用意する．たとえば，式 (8.1) のような実装が考えられる．ここでは，M は 2 以上の適当な整数とする．まず，1 個目のハッシュ値は hash(x) を N で割った余りとする．それ以降，i 個目 ($i > 1$) のハッシュ値 h_i は，① 「hash(x) を M^{i-1} で割ったものの小数点以下切り捨て」と，② 「1 つ前のハッシュ値 h_{i-1} に 1 を加えたもの」を足して，N で割った余りとしている．①で，hash(x) のまだ使っていなかった部分をハッシュ値の一部として使うことができる．

たとえば，$N = 100$，$M = 10$ の場合，後で 100 で割った余りを求めているということは，①の部分は，$i = 2$ の場合は hash(x) の 10 の位と 100 の位の数の部分が取り出され，以降，i が大きくなるにつれて順に上の位の数が取り出されていく．そして，M^{i-1} が hash(x) よりも大きくなるところまで i が増えると，①は 0 になり，自動的に②だけで計算される開番地法 (a) の手法に切り替わる[10]．ソースコード 8.1 の h を 1 増やして N を越えていれば 0 に戻している部分 (10〜12 行目) をこのような処理に置き換えれば，実装できる．

$$h_i = \begin{cases} \text{hash}(x) \bmod N & (i = 1) \\ \left(\underbrace{\left\lfloor \frac{\text{hash}(x)}{M^{i-1}} \right\rfloor}_{①} + \underbrace{h_{i-1} + 1}_{②}\right) \bmod N & (i > 1) \end{cases} \quad (8.1)$$

---

[10] Python ではこれをさらに洗練させたような方法が使われている．

8.3 ハッシュ表の拡張

前節のように,いずれのアルゴリズムでも,格納されたデータの個数が N に対して大きくなってくると,ハッシュ法の性能は悪化する.そこで,データ数が増えた場合には,ハッシュ表を拡張する**リハッシュ**処理が行われるように実装するのが一般的である.リハッシュ処理では,新たにハッシュ表を作り直して,元のデータをそちらにすべて格納し直す.そのため,格納されているデータの個数 n に対して $\mathcal{O}(n)$ 程度の時間がかかる.

Python 言語には,ハッシュ法でデータを格納する dict というデータ型が備わっている.Python では,dict に追加された要素数が一定数を上回った場合,ハッシュ表を倍の大きさで作り直すリハッシュ処理が行われる.具体的には,ハッシュ表の $\frac{2}{3}$ が埋まった時点で,ハッシュ表の大きさを倍にして作り直す.では,この挙動を確かめてみよう.図 8.7 は,dict に対してランダムな整数値を追加していった際の,格納の処理にかかった時間を計測した結果である.横軸がある値を追加する時点で dict に追加済みだった要素の数,縦軸が値の追加にかかった時間である.図には 10 万回実験した結果の平均を示している.実行環境によって時間は大幅に変わる上に,ハッシュ法以外の処理にかかる時間も含まれるため,縦軸の具体的な値にはあまり意味はないが,一目で見てわかる外れ値がいくつかある.それらは,8, 16, 32, 64, 128, 256, 512, 1024 の $\frac{2}{3}$ 倍のところに現れていて,n に比例してかかる時間が増えている様子もうかがえる.上記の条件を満たしたタイミングで行われたリハッシュ処理が外れ値の原因だ

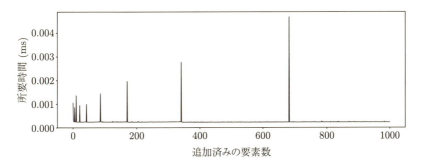

図 8.7 Python で辞書 (dict) にデータを追加するのにかかる時間の計測結果

と思われる.

このように,ハッシュ表が一定割合以上埋まった場合にハッシュ表を倍のサイズにしてリハッシュするという処理を行うように実装すると,ハッシュ表へのデータの追加も,データの探索も,平均時間計算量は $\mathcal{O}(1)$ となる.

8.4 ハッシュ表からのデータの削除

開番地法を用いた場合のデータの削除には注意が必要である.何の工夫もせず表からデータを消してしまうと,有るはずのデータが見つからなくなる不具合が生じる可能性がある.たとえば,図8.1や図8.2の(3)の状態から,それぞれ会員Bや会員Aのデータを削除した後で会員Cのデータを探そうとすると,図8.8の(1)のようになり,データが格納されているにもかかわらず,格納されていないと誤判定される.これはハッシュ値が衝突してたらい回しになった後,納めるべき箱を見つけられたデータについては,データを探索する際にもまったく同じ順序でハッシュ表を見回るという仕組みに原因がある.その順序の途中に空きができてしまうと,見つからなかった,としてそこで探索が終わってしまうのである.

対策は簡単で,データを削除する代わりに図8.8の(2)のように,その箱に削除済みを意味する何らかのダミーを格納するようにすればよい.ダミーは,データを格納する際には空の箱として,データを探索する際には箱は埋まっているがいかなるデータとも一致しないデータであるとして扱えば,問題なく動作するようになる.

なお,データの追加や削除が続いてハッシュ表の箱にダミーが多くなってくると,探索の効率が下がってくる.極端なところで,ほぼすべてがダミーで埋まったハッシュ表からのデータの探索には $\mathcal{O}(n)$ かかってしまい,データの最初から最後まで順に調べる線形探索と変わらない.この性能低下を避けるには,データが削除されてダミーが増えてきた場合に,適切なタイミングで前節のリハッシュ処理を行えばよい.ただし,この場合は,ハッシュ表を縮小するように作り直す.

8.4 ハッシュ表からのデータの削除

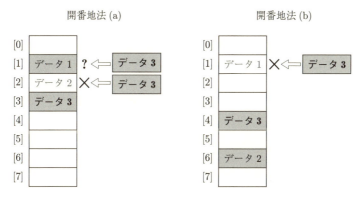

(1) データ2やデータ1を消してしまうと，データ3を探す際に探索がそこで止まって発見できない

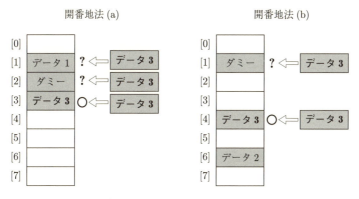

(2) 消す代わりに何らかのダミーを入れておき，探索時にそこが読み飛ばされるようにする

図 8.8 開番地法でのデータの削除

例題 8.4 ソースコード 8.1 の実装例に，整数 x を受けとり，そのデータがハッシュ表に存在する場合には削除する関数 $\text{del}(x)$ を追加せよ．なお，格納されるデータは非負の整数に限る，というルールを追加してもよい．その場合，格納されることがない -1 がダミーとして利用できる．put も get も正しく動作するよう書き換えて確認せよ．

解答 put の実装を書き写し，値を発見できた場合にその値を返すのではなく，ハッシュ法のその箱を −1 のダミーに置き換えるように書き換えれば，del の処理になる．

8.5 ハッシュテーブル，連想配列，辞書

さて，ハッシュ法を用いて，本章の最初で示した表 8.1 のようなデータを表現することを考えよう．これは簡単で，図 8.9 のようにハッシュ表にデータだけを格納するのではなく，キーと値のペアを格納していけばよい．ハッシュ値の計算やハッシュ表内の探索はキーを用いて行い，キーに対応する値が必要な際には，ハッシュ表からキーを見つけた後，付随する値を参照できるようにする．

このようなデータ構造は，最近のプログラミング言語では，言語仕様のレベルで組み込まれている場合が多い．プログラミング言語ごとに呼び方は様々で，Python 言語の場合は前述した dict がそれで **dictionary**，**辞書型**と呼ばれる．他のプログラミング言語にも**連想配列**，**ハッシュテーブル**，あるいは単純にハッシュなど様々な呼ばれ方で同様のデータ構造が用意されている．特にスクリプ

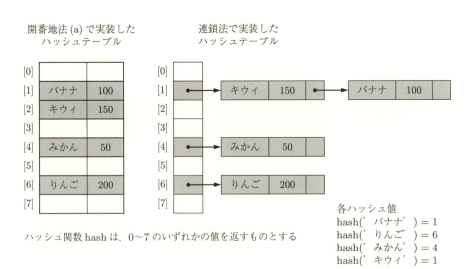

図 8.9 ハッシュ法を用いたキーと値を対応づけるデータ構造の実現

ト言語では，ソースコードを読み込んで書かれた通りに処理を進めるプログラムであるインタプリタが変数の値を記憶したり参照したりする用途に内部でハッシュテーブルを使うようになっていたりと，それなしではプログラムの1行すら実行できないぐらいに重要なデータ構造である．

なお，ハッシュ法の，値はそれを格納した順番とは無関係に，ハッシュ値に従ったハッシュ表内の位置に格納されるという特徴は欠点にもなる．たとえば，会員登録の例では，ハッシュ表に登録された会員のデータを順に出力すると誕生日順に並ぶわけで，古参の会員から順に出力したくてもできない．より一般的な，でたらめな値を算出するハッシュ関数を使った場合には，どんな順序で列挙されるか実行してみるまでわからない．それでは不便なので，登録された順序通りに列挙できるようにしたい場合には，ハッシュ表の各エントリに，リンク構造と同様の"直前に追加されたエントリ"と"次に追加されたエントリ"へのポインタを持たせておくような工夫が必要となる．この工夫は，メモリを余分に必要とし，リンクの繋ぎ替えの処理の分だけ動作が若干遅くなる．そのため，Java言語などでは，順序が保たれないより効率的なデータ構造と，保たれるより便利なデータ構造の両方が用意されていて，必要に応じてプログラマが選べるようになっている．Ruby言語やPython言語など[11] 利便性のために，若干の性能の低下には目をつぶってこの工夫がされている場合もある．

ハッシュ値の応用　　　　　　　　　　　　　　　　　　　　　　　　　　　# Column

ハッシュ値に類するアイデアは他にも様々なところで利用されている．たとえば，バーコードの最後の1桁は**チェックディジット**であり，他の12桁から規格で決められた計算手順で求められる値になっている．SDカードやハードディスクへのデータの保存や，インターネットを介したデータの転送の際には，**誤り検出符号**を用いて計算した符号値が付与される．いずれも，物理的なノイズなどでデータが壊れてしまった場合に，チェックディジットや符号値が一致しない → データが異なる → データが壊れている，という理屈で破損を判別し，データの破損が見落とされるトラブルをある程度防いでいる．

また，データの改竄を防止する**電子署名**と呼ばれる技術にもハッシュ関数は重要な役

---

[11] Ruby言語のバージョン1.9以降やPython言語の3.7以降では順序が保たれることが言語仕様に盛り込まれている．Python言語のバージョン3.6やJavascript言語では，主な環境では順序を保ってくれるが，保ってくれない環境もあるかも知れないので順序が保たれないと正常に動作しないようなプログラムを書いてはいけないとされる．

割を果たしている．たとえば，ソフトウェアをインターネットを通じて配信するような場合に，ソフトウェアのハッシュ値[12]を計算して，安全な方法でユーザに伝えておく[13]．改竄されてコンピュータウィルスなどが仕込まれたソフトウェアをダウンロードしてしまった場合には，ハッシュ値が変わっていることで改竄の存在に気付けるので，ユーザはウィルス入りソフトウェアの使用を回避できる．ここで，もし改竄後ハッシュ値が元通りになるようにデータを調整できてしまうと，この仕組みが破綻してしまう．そのため，このような用途には，ハッシュ値の衝突を狙って起こすことができないよう設計された，**暗号学的ハッシュ関数**と呼ばれるより複雑で計算時間がかかる方法が採られている．

また，暗号学的ハッシュ関数ぐらいに衝突が起こりにくければ，例題 8.1 の解説に反して，ハッシュ値が一致すれば，多分データは同じだろうとみなすような方法もよく用いられる．クラウドストレージサービスなどは，ファイルのハッシュ値が同じならばそのファイルは更新されていないとみなして転送しない，というような仕組みで，通信量を節約している．

---

[12] ソフトウェアそれ自体もデジタルデータであるためそのデータのハッシュ値を求められる
[13] **公開鍵暗号**の仕組みなどが使われる．

章末問題

8-1 文字列のハッシュ値として，各文字の文字コードの和を用いることを考えた．Python ではある文字 c の文字コードは ord(c) で求められるため，文字コードの和は，for 文で文字列の 1 文字 1 文字を順に取り出し，その和を求めればよい．具体的には以下のようなハッシュ関数，my_hash() で求められる．

```
1  def my_hash(word):
2      hash_value = 0
3      for c in word:
4          hash_value += ord(c)
5      return hash_value
```

ところが，この方法はハッシュ関数としてよいとはいえない．Python が元から備えている hash() 関数で求めたハッシュ値と比較するなどして，それがなぜかを考察せよ．

ヒント 以下のような単語のハッシュ値を求め，何が起こるかを観察してみよ．
まどか，かまど，かどま，ひこね，ひたち，いわた，かんご，おやつ

8-2 連鎖法を用いたハッシュテーブルを実装せよ．また，以下の 4 つの関数を用意せよ．

(1) my_put(key, value)
    value を key に関連付けてハッシュテーブルへ記憶する．

(2) my_is_in(key)
    key に対応する値が記憶されているかどうかを調べ，True か False で返す．

(3) my_get(key)
    key に対応する値が記憶されていれば，その値を返す．なければ None を返す．

(4) my_del(key)
    key に対応する値をハッシュテーブルから消す．

8-3 英語の文章を読み込んで，どんな単語が何回ずつ使われているかを数え上げるプログラムを書け．

ヒント 文章を読み込んで，1 行に 1 単語ずつ表示するプログラムは以下のように書ける．なお，このプログラムは，source.txt というテキストファイルの内容を読み込むようになっているため，プログラムの実行前にそのファイルを用意する必要がある．Jupyter Notebook で行う場合は，Jupyter Notebook の Home 画面の「New」から「Text File」を選び，適当な内容を書き込んだ上で，source.txt というファイル名を付けて Save してからプログラムを実行するとよい．

第 8 章　ハッシュテーブル

```
1  file = open('source.txt')
2
3  for line in file:
4      for word in line.split():
5          word = word.lower()
6          print(word)
```

適当なハッシュテーブルを用意しておいて，まだハッシュテーブルに含まれない単語であれば，キーをその単語，対応する値を出現回数である 1 として新たにハッシュテーブルに追加する．また，既出の単語であれば出現回数を 1 増やす，といった処理を行えばよい．

第 9 章

グラフ

本章では，様々な分野において利用される**グラフ** (*graph*) を学習する．グラフとは，多数の要素間の複雑な相互関係の記述に用いられる概念であり，その理解は複雑な現象の可視化，モデル構築などに大いに役立つ．

9.1 具体的なグラフの使用例

グラフとは多数の要素間の相互関係の記述に用いる概念である．まずは理解の助けとするために，そしてその有用性を把握するために，いくつかのグラフの具体例を示そう．

図 9.1 に新幹線を中心とする鉄道の路線図をグラフ化したものを示す．左図では，各駅の位置およびそれらをつなぐ新幹線または在来線の経路を実際の日本地図上に描画している．この路線図を，駅間の移動時間の情報を基にグラフとして抽象化すると，右図のようになる．このグラフを見ることで，鉄道の乗客は任意の駅間の移動にかかる時間を計算することができる (乗り換え時間は無視できるとする)．たとえば，新大阪駅にいる乗客が米原駅まで移動する場合は，15 分 (新大阪–京都間) + 20 分 (京都–米原間) = 35 分で移動できる．このようなグラフは以下のような利用が可能である．

1. グラフをたどることで複数の経路を検討することができる．東京から京都まで移動する場合，東京–名古屋–米原–京都と，東京–長野–金沢–米原–京都の 2 つの経路が存在する．各経路での総移動時間は，前者では 150 分，後者では 320 分となり，短時間で移動したいのであれば前者の名古屋経由が望ましい経路であることがわかる．

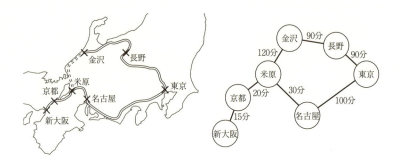

図 9.1 (左) 鉄道の路線図，各駅間は新幹線 (2 重線) または在来線 (破線，金沢–米原間のみ) で結ばれている (右) 路線図を模式化したグラフ

2. 事故などのトラブルによりある 2 駅間の移動が不可能となった場合に，代替経路を探すことができる．たとえば，名古屋–東京間が不通となった場合，名古屋から東京への代替経路として名古屋–米原–金沢–長野–東京を得ることができる．

次は人間関係をグラフ化して抽象化する例を示す．ある会議の参加者 7 名について，参加者同士が互いに知り合いであれば参加者間に線を引き，初対面であれば線を書かないという方法でグラフ化した (図 9.2)．左図では，7 人を対等に正七角形の頂点の位置に配置して知り合い関係のネットワークを描画している．たとえば「佐藤」に着目すると，線で結ばれている知り合いは「伊藤」「鈴木」「山本」の 3 名であり，線がなく初対面であるのが「渡辺」「田中」「高橋」の 3 名だとわかる．この左図をざっと見るだけでは，知り合い関係のネットワークは複雑に絡み合っているように見え，何らかの構造を見出すことは難しい．ここで，各参加者の位置を右図のように適切に移動してやると，互いに知り合いである「伊藤」「佐藤」「鈴木」「山本」の 4 人グループと，「渡辺」「田中」「高橋」の 3 人グループがあり，「伊藤–渡辺」がグループ間を繋ぐ唯一の知り合い関係であることがわかる．このように，相互関係のネットワークをグラフ化し，適切なグラフの描き方をすることで，多数要素間の相互関係の背後に存在する何らかのルール，規則性を新たに発見できる場合がある．

3 つ目の例として，日々の天気をグラフによってモデル化することを考えよう．現実の天気は極めて複雑な現象であるが，これを「天気の種類は晴，曇，雨

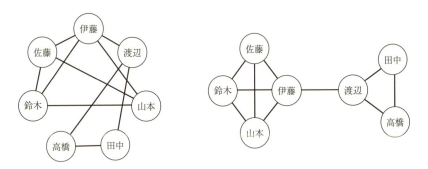

図 9.2 ある会議に出席した 7 人の人間関係について，互いに知り合いである場合はその 2 人の間に線を引くことでグラフ化した．左右のグラフは同一である．

の 3 通りに簡略化，ある日の天気はその前日の天気のみに依存して確率的に決まる」という仮定をおいてモデル化する．この天気モデルは，図 9.3 のようにグラフの形で書くことができる．たとえば，ある日の天気が「晴」の場合，その翌日の天気は 70% の確率で「晴」，25% の確率で「曇」，5% の確率で「雨」となる．これまでのグラフにはなかった，自分自身に向かう矢印線 (晴 → 晴，曇 → 曇など) があることに注意しよう．このような抽象的な状態間の遷移をモデル化する際にもグラフの概念を利用することができる．

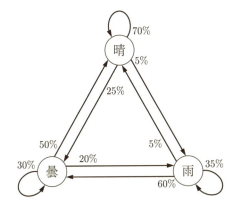

図 9.3 天気の遷移をモデル化したグラフ

9.2 グラフの表記と用語

この節では，データ構造の1つであるグラフの表記法および用語を学ぶ．ここで示す用語は一例であり，著者や分野によっては異なる用語・表現を使っている場合がある．

既に学習したデータ構造である木はグラフの一種であり，木と同様にグラフも以下の2要素で構成される．

- **節点** (*node*) または**頂点** (*vertex*)．グラフの節点全体の集合を V で表す．$V = \{v_1, v_2, ..., v_N\}$．
- **辺** (*edge*) または**枝** (*branch*)．節点 v_i と v_j をつなぐ辺を (v_i, v_j) で表す．また，グラフの辺全体の集合を E で表す．$E = \{(v_i, v_j)\}$．

具体例として図9.4のグラフを見よう．このグラフは4つの節点 A, B, C, D と，それらを繋ぐ5本の辺で構成されている．このような辺に向きがないグラフを**無向グラフ** (*undirected graph*) と呼ぶ．グラフ G は，節点の集合 $V = \{A, B, C, D\}$ と，辺の集合 $E = \{(A,B), (A,C), (B,C), (B,D), (C,D)\}$ の組として $G = \{V, E\}$ と表記される．

節点間の関係に向きがある場合は**有向グラフ** (*directed graph, digraph* とも略される) と呼ばれる．無向グラフと同様に，節点の集合 V と，節点の集合 E の組として $G = \{V, E\}$ と表記される．向きがあることを示すために，有向グラフでは辺の代わりに**弧** (*arc*) という表現を使う場合もある．図9.5に具体例を示す．有向グラフでの辺 (v_i, v_j) は，節点 v_i から v_j への向きをもった辺を示しており，逆向きの辺であれば (v_j, v_i) として表記される．

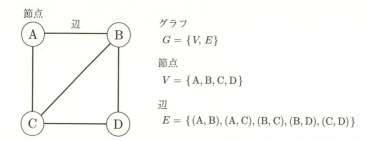

図 9.4 無向グラフの例

図 9.5 有向グラフの例

図 9.1 や図 9.3 でみたように，グラフの各辺に数値が割り当てられている場合がある．このようなグラフを**重みつきグラフ** (*weighted graph*) と呼ぶ．

2 つの節点 A, B 間に辺 (A, B) があるとき，A と B は**隣接** (*adjacent*) しているという．また節点 A と B は辺 (A, B) に**接続** (*incident*) しているという．ある節点から別の節点までの，隣接している節点を経由しての移動経路を**歩道** (*walk*) と呼ぶ．図 9.4 のグラフであれば，節点 A から D への歩道として A→B→D, A→B→C→D, A→B→C→A→B→D などを無数に生成することができる．各節点が 1 度しか出現しない歩道を**経路** (*path*) あるいは**道** (*trail*) と呼ぶ．先ほどの歩道の例であれば，A→B→D, A→B→C→D は経路であるが，A→B→C→A→B→D は節点 A と B が 2 回出現しているので経路ではない．始点と終点が同じ節点であり，始点 (＝終点) 以外の節点が 1 度しか出現しない歩道を**閉路** (*cycle*) と呼ぶ．図 9.4 のグラフであれば，A→B→C→A や D→C→A→B→D などは閉路である．

図 9.6 のグラフの節点 A, B 間 (2 本)，A, C 間 (3 本) のように節点間に複数本の辺が存在する場合を**多重辺** (*multiple edges*) と呼ぶ．節点 B にあるような自分自身に向かう辺を**ループ** (*loop*) と呼ぶ．

多重辺とループを両方とも含まないグラフを**単純グラフ** (*simple graph*) と呼ぶ．図 9.4 のグラフは単純グラフであり，図 9.6 のグラフは単純グラフではない．

これまでに見たグラフでは，すべての任意の節点間に歩道を作ることができる．このようなグラフを**連結グラフ** (*connected graph*) と呼ぶ．それに対し，図 9.7 のように歩道が存在しない節点のペアが存在するグラフを**非連結グラフ** (*disconnected graph*) と呼ぶ．たとえば，節点 A と D について考えると，歩道

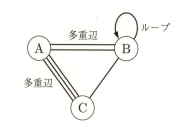

図 9.6 多重辺とループを有するグラフの例

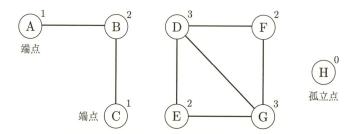

図 9.7 非連結グラフの例．各節点の右上に次数を表記している

を作ることができない．

無向グラフでは，各節点が接続している辺の数を**次数** (*degree*) と呼び，deg(A) = 1, deg(B) = 2 のように表記する．図 9.7 では各節点の右上に次数を表記している．次数が 1 の節点を**端点** (*end node*) あるいは**葉** (*leaf*) と呼ぶ．次数が 0 の節点を**孤立点** (*isolated node*) と呼ぶ．次数が大きな節点は，多数の節点と連結しているという点で重要性が高いと解釈できる場合が多い．たとえば，図 9.1 および図 9.2 のグラフにおいて，次数が最大となる節点はそれぞれ「米原」，「伊藤」であり，乗り換えにおける重要なハブ駅として，あるいは 2 つのグループ間を繋ぐ重要な人物として解釈できる．また有向グラフでは，各節点から出ていく辺の数を正の次数または出次数，入ってくる辺の数を負の次数または入次数と呼ぶ．

例題 9.1 図 9.8 に示す 3 つのグラフ A, B, C について以下の問いに答えよ．

(1) 各グラフにおける $G = \{V, E\}$ の V, E を書け．

(2) 非連結グラフはどれか．
(3) 閉路を含むグラフはどれか．
(4) グラフ C の端点 (葉) をすべて答えよ．

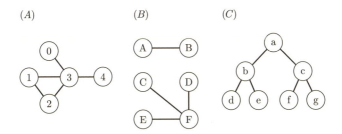

図 **9.8** グラフ A, B, C

解答

(1) グラフ A は $V = \{0, 1, 2, 3, 4\}$,
$E = \{(0, 3), (1, 2), (1, 3), (2, 3), (3, 4)\}$,
グラフ B は $V = \{A, B, C, D, E, F\}$,
$E = \{(A, B), (C, F), (D, F), (E, F)\}$,
グラフ C は $V = \{a, b, c, d, e, f, g\}$,
$E = \{(a, b), (a, c), (b, d), (b, e), (c, f), (c, g)\}$.

(2) 非連結グラフはグラフ B．
(3) 閉路を含むグラフはグラフ A．
(4) グラフ C の端点 (葉) は d, e, f, g の 4 つ．

9.3 グラフを表現するデータ構造，隣接行列と隣接リスト

グラフをプログラム中で表現するためのデータ構造として，$G = \{V, E\}$ の V, E の配列そのものを用いることは可能ではあるが，それよりも利便性が高いものとして**隣接行列** (*adjacency matrix*) と**隣接リスト** (*adjacency list*) がよく使われている．以下の説明において節点の数を N とし，Python の配列の添字

は 0 から始まることに対応して，節点の集合を $V = \{v_0, v_1, ..., v_{N-1}\}$ と表記する．

隣接行列 M は $N \times N$ の行列 (2次元配列) である．無向グラフの場合は，辺 (v_i, v_j) が存在する場合は行列の i 行 j 列と j 行 i 列に 1 を代入し，存在しない場合は 0 を代入する．有向グラフの場合は，辺 (v_i, v_j) (v_i から v_j に向かう辺) が存在する場合に行列の i 行 j 列に 1 を代入する．重み付きグラフの場合は，1 の代わりにその辺の重みを代入する．

具体例として，図 9.8 のグラフ A の隣接行列を表 9.1 として示す．節点の数は 5 なので，5×5 の行列である．隣接行列の作り方からわかるように，無向グラフの隣接行列は対称行列 ($M[i][j] = M[j][i]$) になる．

表 9.1 グラフ A の隣接行列 M

	$j=0$	$j=1$	$j=2$	$j=3$	$j=4$
$i=0$	0	0	0	1	0
$i=1$	0	0	1	1	0
$i=2$	0	1	0	1	0
$i=3$	1	1	1	0	1
$i=4$	0	0	0	1	0

隣接リストは各節点が隣接している節点を連結リストによって表現したものとなる．リスト中の各節点データには，次の節点へのポインタと，その辺の重み w を保存する．図 9.9 にグラフ A の隣接リストを示す．たとえば，節点 2 が隣接している節点は，$v = 2$ から始まる連結リストをたどることで，節点 1 と 3 であることがわかる．なお，重みがないグラフの場合は，w はすべて 1 であり，重みを省略することもできる．

隣接行列と隣接リストのどちらの方がグラフを表現する上で優れているのかは，グラフの性質に依存する．以下の説明において，節点の数を N，辺の数を P とする．隣接行列を保存するために必要となる記憶容量は $\mathcal{O}(N^2)$ となり，辺の数には依存しない．一方，隣接リストの場合に必要となる記憶容量は $\mathcal{O}(N+P)$ となる．そのため，辺の数 P が少ないほど隣接リストの方が少ない記憶容量でグラフを保存できる．たとえば，節点が 1 万個 ($N = 10000$)，各

9.3 グラフを表現するデータ構造，隣接行列と隣接リスト

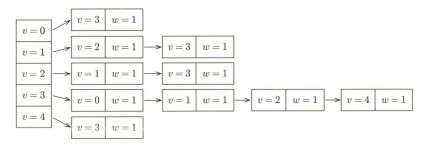

図 9.9 グラフ A の隣接リスト．v は節点を，w は辺の重みを示す

節点ごとに辺は 2 本 ($P = 20000$) という辺がまばらな (このようなグラフを**疎グラフ** (*sparse graph*) と呼ぶ) 大規模グラフを扱うとする．隣接行列だと 1 億 ($N^2 = 10^8$) のオーダーの記憶容量が必要となるのに対し，隣接リストだと 3 万 ($N + P = 30000$) のオーダーの記憶容量だけで済む．一方，節点が 1 万個で，すべての節点間に辺が存在する ($P = 10000^2 = 10^8$) グラフ (このように辺が多いグラフを**密グラフ** (*dense graph*) と呼ぶ) では，隣接行列，隣接グラフの両方とも 1 億のオーダーの記憶容量が必要となり，隣接グラフの記憶容量面の利点はなくなる．

処理速度について考えると，処理の種類によって優劣は異なる．i, j 番目の節点間に辺があるかを知りたい場合，隣接行列であれば $P[i][j]$ が 0 か 0 でないかを確認すればよいので，$\mathcal{O}(1)$ の処理時間で済む．それに対し，隣接リストの場合は v_i から始まるリストをすべてたどって v_j が出現するか否かを確認する必要があり，v_i から始まるリストの長さに比例する処理速度が必要となる．別の処理として，ある節点 v_i が隣接しているすべての節点を挙げたい場合は，隣接行列では i 行目のすべての列を確認する必要があるため $\mathcal{O}(N)$ の処理時間が必要となる．隣接グラフでは，v_i から始まるリストをすべてたどればよく，v_i から始まるリストの長さに比例する $\mathcal{O}(N)$ よりも小さい処理速度で済む．このように行いたい処理に依存してどちらの処理速度が優れているのかは変わる．

以上のように，疎行列であれば記憶容量面から隣接リストが有利になり，処理速度面では行いたい処理の種類に依存してどちらが有利であるのかは変化する．目的に応じてグラフの表現に利用するデータ構造を検討する必要がある．

9.4 深さ優先探索と幅優先探索

グラフの典型的な問題の1つに，ある節点と別の節点が辺によって連結されているか否かを調べたいという問題がある．このような場合に用いられる代表的なアルゴリズムとして**深さ優先探索** (*depth first search*) と**幅優先探索** (*width first search*) がある．

まず深さ優先探索について述べる．この探索では，未探索な隣接する節点があればそちらに探索を進める．未探索な隣接する節点が存在しない場合は，たどってきた経路を一つひとつ戻り，未探索の隣接する節点が見つかったらそちらに探索先を変更する．図9.10に深さ優先探索によりグラフの全節点をたどる例を示す．左図のように7つの節点a〜gがあるグラフを考え，aから探索を始めるとする．まずaを始点として(aが順番0)，隣接する節点に移動する．移動先の候補としてはbとcがありどちらに移動しても構わないが，ここではアルファベットの順に探索を進めるとしてbに移動する(順番1)．そしてbが隣接しているdへと探索を進める(順番2)．dは端点で行き止まりなので，1つ前のbに戻る．bに隣接する未探索の節点は存在しないので，さらにaに戻る．そして，aから未探索の隣接する節点であるcに移動する(順番3)．cからeに移動し(順番4)，eからgに移動し(順番5)，e, cと戻って，最後にfへと移動する(順番6)．

次に幅優先探索を述べる．この探索では，始点から隣接している節点すべてを探索した後，探索した節点に隣接している未探索の節点をすべて探索するという手続きをとる．図9.11に図9.10と同じグラフについて，節点aを始点とする幅優先探索を行った例を示す．まずaに隣接する節点であるb, cを探索する(左図，順番1,2)．次に，b, cに隣接する節点であるd, e, fを探索する(中央図，

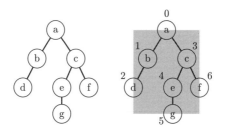

図9.10 深さ優先探索によるグラフ全節点の探索

順番 3,4,5). そして, d, e, f に隣接する節点である g を探索して, 全節点の探索が終了する (右図, 順番 6).

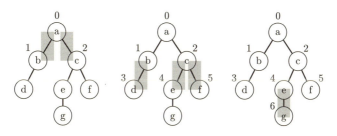

図 9.11 幅優先探索によるグラフ全節点の探索

閉路があるやや複雑な場合も例示しておこう. 図 9.12 に 8 個の節点 a~h のグラフについて, 節点 a を始点とする深さ優先探索と幅優先探索での探索順序を示す. 先ほどの例と同じく, 優先順位が同じ節点が複数ある場合は, アルファベット順で探索している. 深さ優先探索では, a から未探索の隣接する節点を a→c→e→h→g→d の順で探索する. そして節点 d では隣接する節点として a, b, f があるが, a は既に探索済みであることから無視して未探索の節点 b, f を探索する. これで全節点の探索が終了し, 探索順は a→c→e→h→g→d→b→f になる. 幅優先探索では, まず a に隣接する c, d を探索し, 次に c に隣接する e, f および d に隣接する b, f, g を探索し (f は 2 回探索されるが, 2 回目では探索済みなので無視される), 最後に h を探索して終了となり, a→c→d→e→f→b→g→h となる.

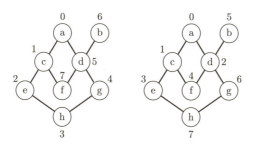

図 9.12 (左) 深さ優先探索, (右) 幅優先探索によるグラフ全節点の探索

例題 9.2 以下の図 9.13 に示す 2 つのグラフについて,始点を a とする深さ優先探索および幅優先探索による全節点の探索の順番を答えよ.

(模範解答では,優先順位が同じ節点が複数ある場合は,アルファベット順に探索したものを示す.同じ優先順位の節点について異なる順番で探索を行うことで,別の正しい探索順を作ることができる.)

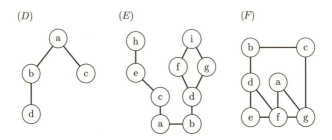

図 9.13 グラフ D, E, F

解答 グラフ D の深さ優先探索 a→b→d→c,幅優先探索 a→b→c→d.

グラフ E の深さ優先探索 a→b→d→f→i→g→c→e→h,幅優先探索 a→b→c→d→e→f→g→h→i.

グラフ F の深さ優先探索 a→f→d→b→c→g→e,幅優先探索 a→f→g→d→e→c→b.

9.5 Python によるグラフ処理実装の例

それでは深さ優先探索および幅優先探索のプログラムを具体例として,Python によるグラフ処理例を学習する.処理対象グラフは,図 9.13 のグラフ F とする.ここでは隣接行列による表現を採用する.各節点をその名称のまま扱うのは難しいので,ソースコード 9.1 に示す節点名の配列 V を用意して $0 \sim N-1$ (N は節点数) の添字に変換する (辞書型により節点名と添字の変換を行う場合もある).

ソースコード 9.1　グラフ F の隣接行列と節点名の配列を記述したプログラム

```
1  # グラフ F の隣接行列
2  adjMat = [[0,0,0,0,0,1,1],
3           [0,0,1,1,0,0,0],
4           [0,1,0,0,0,0,1],
5           [0,1,0,0,1,1,0],
6           [0,0,0,1,0,1,0],
7           [1,0,0,1,1,0,1],
8           [1,0,1,0,0,1,0]]
9  # グラフ F の節点名の配列
10 V = ['a', 'b', 'c', 'd', 'e', 'f', 'g']
```

深さ優先探索を実行する関数 DepthFirstSearch をソースコード9.2に示す．この関数は第4章で学習したスタックを利用するため，第4章で学習した push および pop 関数 (ソースコード 4.1) も定義している．引数は隣接行列 M，始点の添字 start，終点の添字 end の3つである．end に $0\sim N-1$ 以外の数字を与えると，始点に連結しているすべての節点を探索できる．戻り値は探索の順番である．

おおまかな処理の流れは以下のようになっている．

① スタック search に始点 start を push する．
② 探索履歴を記録する配列 visited を空にする．
③ while len(search) != 0: により search が空になるまで以下のループを反復．
　(a) 現在の節点 edge を search から pop することで取得する．
　(b) edge が終点 end と等しければ，visited に edge を push し，visited を return．
　(c) edge が未探索 (visited に含まれていない) ならば以下を実行．
　　i) visited に edge を追加し，edge を探索済みにする．
　　ii) 隣接行列の edge 行 i 列 (i は $0\sim N-1$ について for ループ) が 1 であれば，i は現在の節点と隣接しており，search に i を push する．
④ visited を return して終了．

ソースコード 9.2 深さ優先探索を行う関数 DepthFirstSearch

```python
def isEmpty(stack):
    if(len(stack)>0):
        return False
    else:
        return True

def push(stack, a):
    stack.append(a)

def pop(stack):
    if(isEmpty(stack)):
        exit('Error: Stack underflow!')
    else:
        return stack.pop()

# 隣接行列 M に対する幅優先探索, start が始点, end が終点
def DepthFirstSearch(M, start, end):
    search = []    # 今後探索すべき節点を保存 (スタック形式)
    push(search, start)    # 始点となる節点を push
    visited = []    # 探索履歴を保存する配列
    N = len(M)    # 節点数
    while len(search) != 0:    # search が空になったら終了
        edge = pop(search)    # 現在の節点を取得
        if(edge == end):    # 現在の節点が終点ならば終了
            visited.append(edge)
            return visited
        if(edge not in visited):    # 現在の節点が探索済みではない
            visited.append(edge)    # 現在の節点を探索済みにする
            for i in range(N-1, -1, -1):
                if(M[edge][i] == 1):    # edge と i が隣接してい
                                        # るならば
                    push(search, i)    # i を探索スタックに push
        # print(" LOG:", edge, visited, search)    # 途中経過の
                                                    # 表示
    return visited
```

9.5　Pythonによるグラフ処理実装の例

DepthFirstSearchを呼び出す例をソースコード9.3に示す．ソースコード9.1, 9.2, 9.3を繋げて実行することで，深さ優先探索による節点aからcへの探索順序「a→f→d→b→c」と，節点aからすべての節点を探索する順序「a→f→d→b→c→g→e」が出力される．

ソースコード **9.3**　深さ優先探索を行う関数DepthFirstSearchを呼び出す例

```python
# 探索順を表示する関数
def printHistory(history, V):
    for i in range(len(history)-1):
        print(V[history[i]] + " -> ", end="")
    print(V[history[len(history)-1]])

# 始点a(添字0),終点c(添字2)とする深さ優先探索
history = DepthFirstSearch(adjMat, 0, 2)
printHistory(history, V)
# 始点をaとして全節点を深さ優先探索(終点-1の節点は存在せず,全節点を探索)
history = DepthFirstSearch(adjMat, 0, -1)
printHistory(history, V)
```

関数DepthFirstSearchの重要な変数edge, visited, searchの挙動を図9.14に例示する．ここで各節点は添字0～6で表記しており，各whileループの終了時の状況を記述している．なお，whileループの最後(32行)にprintで始まる行をコメントアウトしており，このコメントアウトを外すことでedge, visited, searchの途中経過を確認できる．

初回ループ終了時には，現在の節点は始点である0になっており，探索履歴visitedは0のみが保存されている．スタックsearchには0と隣接する節点5, 6がpushされている．ここでiのforループを$N-1$から0まで-1ずつ変化させることで，大きな節点添字が先にsearchにプッシュされるようにして，アルファベット順(添字の小さい順)に探索が行われるようにしている．

次のループでは，searchからpopして得られる5を現在の節点edgeに代入し，探索履歴visitedに5が追加され，5と隣接する0, 3, 4, 6がsearchのスタックにpushされる．その次のループでは，popされる0がedgeとなるが，すでに0はvisitedに含まれており探索済みなので何もしない．その次のループで

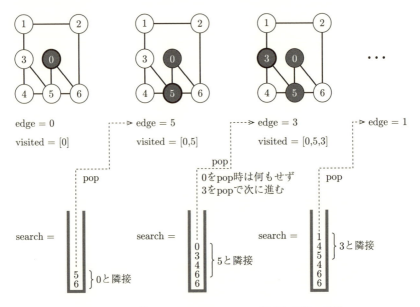

図 9.14　関数 DepthFirstSearch の重要な変数の挙動

は，search から pop された 3 が edge となり，visited に 3 が追加され，search に 3 と隣接する 1, 4, 5 が push される．このようにスタックを用いた後入れ先出し (LIFO) 処理により，隣接している節点への探索を芋づる式に行う深さ優先探索を実現できる．

次は幅優先探索を行う関数 BreathFirstSearch をソースコード 9.4 に，呼び出す例をソースコード 9.5 に示す．処理内容は深さ優先探索とほとんど共通しており，search のデータ構造としてスタックの代わりにキューを用いていることが一番大きな違いである．

ソースコード 9.1, 9.4, 9.5 を繋げて実行することで，幅優先探索による節点 a から c への探索順序「a→f→g→d→e→c」と，節点 a からすべての節点を探索する順序「a→f→g→d→e→c→b」が出力される．

BreathFirstSearch での重要な変数 edge, visited, search の挙動を図 9.15 に例示する．search にキューのデータ構造を用いた先入れ先出し (FIFO) 処理を行うことで，現在の節点に隣接している節点すべてを先に探索する幅優先探索を実現している．

9.5 Pythonによるグラフ処理実装の例

ソースコード 9.4　幅優先探索を行う関数 BreadthFirstSearch

```python
def isEmpty(queue):
    if(len(queue)>0):
        return False
    else:
        return True

def enqueue(queue, a):
    queue.append(a)

def dequeue(queue):
    if(isEmpty(queue)):
        return 'Error: Que underflow!'
    else:
        return queue.pop(0)

# 隣接行列 M に対する深さ優先探索, start が始点, end が終点
def BreadthFirstSearch(M, start, end):
    search = []      # 今後探索すべき節点を保存 (キュー形式)
    enqueue(search, start)  # 始点となる節点を enqueue
    visited = []     # 探索履歴を保存する配列
    N = len(M)       # 節点数
    while len(search) != 0:  # search が空になったら終了
        edge = dequeue(search)  # 現在の節点を取得
        if(edge == end):   # 現在の節点が終点ならば終了
            visited.append(edge)
            return visited
        if(edge not in visited):  # 現在の節点が探索済みではない
            visited.append(edge)  # 現在の節点を探索済みにする
            for i in range(N):
                if(M[edge][i] == 1):  # edge と i が隣接しているならば
                    enqueue(search, i)  # i を探索スタックに push
        # print(' LOG:', edge, visited, search)  # 途中経過の表示
    return visited
```

ソースコード 9.5　幅優先探索を行う関数 BreadthFirstSearch を呼び出す例

```
1  # 探索順を表示する関数
2  def printHistory(history, V):
3      for i in range(len(history)-1):
4          print(V[history[i]] + ' -> ', end="")
5      print(V[history[len(history)-1]])
6
7  # 始点a(添字0),終点c(添字2) とする幅優先探索
8  history = BreadthFirstSearch(adjMat, 0, 2)
9  printHistory(history, V)
10 # 始点をa として全節点を幅優先探索 (終点-1 の節点は存在せず,全節点を探索)
11 history = BreadthFirstSearch(adjMat, 0, -1)
12 printHistory(history, V)
```

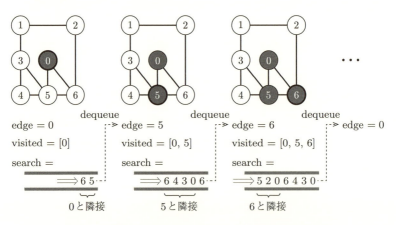

図 9.15　関数 BreathFirstSearch の重要な変数の挙動

章末問題

9-1 図 9.1, 9.2 の各グラフに対して，$G = \{V, E\}$ の V, E を書け．

9-2 因果関係を議論する際に使われる概念として，DAG (有向非巡回グラフ，*directed acyclic graph*) がある．DAG は，すべての辺が有向辺であり，閉路を1つも有さないグラフとして定義される．次のグラフ A, B, C について DAG であるか否かを判定せよ．

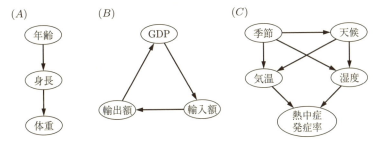

9-3 次のグラフの A, B, C の隣接行列と隣接リストを答えよ．重みが1の辺に対しては重みの表記を省略している．

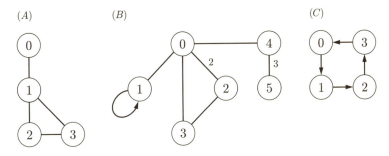

9-4 次の隣接行列 A, B が表すグラフを書け．節点は 0, 1, 2, 3 および 0, 1, 2, 3, 4 とする．重みが1の辺に対する重みの表記は省略してよい．

$$A = \begin{pmatrix} 0 & 1 & 0 & 0 \\ 1 & 0 & 1 & 0 \\ 0 & 1 & 0 & 1 \\ 0 & 0 & 1 & 0 \end{pmatrix}, \quad B = \begin{pmatrix} 0 & 3 & 0 & 1 & 0 \\ 0 & 0 & 1 & 0 & 0 \\ 0 & 0 & 0 & 2 & 1 \\ 0 & 0 & 0 & 0 & 1 \\ 0 & 0 & 0 & 1 & 1 \end{pmatrix}$$

9-5 次のグラフに対し以下の問いに答えよ．
(1) 節点0から節点8への経路を深さ優先探索および幅優先探索により算出せよ．
(2) ソースコード 9.1 の隣接行列 adjMat および節点名の配列 V をこのグラフを表すように編集せよ．その上で，ソースコード 9.1, 9.2, 9.3 を繋げて実行することで

深さ優先探索を，またソースコード 9.1, 9.4, 9.5 を繋げて実行することで幅優先探索を実行せよ．

(3) 指定する節点間の最短経路を得ることが目的である場合，どちらの探索アルゴリズムの方が適しているのかを答えよ．

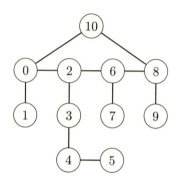

索引

英字

ArrayList, 57
break, 26
continue, 27
FIFO, 82, 170
k 分木, 94
LIFO, 75, 170
LinkedList, 57
list, 58
None, 52
NumPy, 58
PEP8, 1
Unicode, 60
UTF-8, 61
Z ソート, 133

あ行

後入れ先出し, 75, 170
アルゴリズム, 25
1 次元配列, 49
枝, 93, 158
枝分かれ, 92
エンキュー, 83
オーダー, 34
オーダー記法, 34
オペランド, 98
オペレータ, 98
重みつきグラフ, 159
親, 93

か行

ガーベージコレクション, 55
可変長配列, 50
関数の再帰呼び出し, 130
完全二分木, 97
木, 90, 92, 158
　　——の高さ, 94
キー, 104
基準値, 130
基本交換法, 126
逆ポーランド記法, 99
キュー, 82, 170
キューアンダーフローエラー, 83
キューイングデータ, 83
キューオーバーフローエラー, 83
兄弟, 93
クイックソート, 16, 130
クラス, 29
グラフ, 155
繰り返し, 23
計算量, 33
　　——のオーダー, 34
経路, 159
検索, 65
弧, 158
子, 93
合計, 5

さ行

降順ソート, 125
構造化, 25
後置記法, 99
合流, 32
孤立点, 160

さ行

再帰呼び出し, 130
最小値, 4
最大値, 2
先入れ先出し, 82, 170
サブルーチン, 29
時間計算量, 33, 38
辞書, 150
次数, 160
終端節点, 93
順次処理, 25
順序木, 94
準備, 32
昇順ソート, 125
ショットガンソート, 125
処理, 32
スタック, 75, 167
スタックアンダーフローエラー, 77
スタックオーバーフローエラー, 77
スタックポインタ, 77
スワップ, 2
正規表現, 66

整列リスト, 107
接続, 159
節点, 93, 158
ゼロクリア, 5
線形探索, 105
添字, 49
ソート, 9
疎グラフ, 163

た行

対数プロット, 11
高さ, 94
多重辺, 159
段階的詳細化, 29
探索, 104
端子, 32
単純グラフ, 159
端点, 160
中置記法, 98
頂点, 93, 158
データ構造, 47
デキュー, 83

な行

2次元配列, 50
二分木, 94
二分順序木, 94
二分探索, 107
二分探索木, 111
根付き木, 94

は行

葉, 93, 160

配列, 2, 49
配列長, 50
配列名, 49
バケツソート, 133
ハッシュ関数, 136
ハッシュテーブル, 135, 150
ハッシュ法, 136
幅優先探索, 164
バブルソート, 12, 126
ハミング距離, 67
判断, 32
反復, 26
比較, 62
非終端節点, 93
非順序木, 94
左部分木, 95
表, 104
非連結グラフ, 159
ビンソート, 133
深さ, 94
深さ優先探索, 164
プッシュ, 75
部分木, 94
フローチャート, 31
プログラム, 25
分割統治法, 129
分岐, 27
分散, 6
平均, 5
閉路, 159
辺, 93, 158
編集距離, 67
ポインタ, 52

ボゴソート, 9, 125
ポップ, 77
歩道, 159

ま行

右部分木, 95
道, 159
密グラフ, 163
無向グラフ, 158
メインルーチン, 29
文字列, 60

や行

矢印, 32
有向木, 94
有向グラフ, 158

ら行

ラベル, 93
リスト, 52
領域計算量, 33, 40
リングバッファー, 88
リンクリスト, 52
隣接, 159
隣接行列, 161
隣接交換法, 126
隣接リスト, 161
類似度, 67
ループ, 159
レコード, 104
レベル, 94
連結グラフ, 159
連想配列, 150

著者紹介

川井　明（かわい　あきら）
- 2008 年　大阪大学大学院情報科学研究科博士後期課程修了
  - 博士（情報科学）
  - 奈良先端科学技術大学院大学情報科学研究科助教
- 2013 年　大阪大学サイバーメディアセンター特任助教
- 2014 年　滋賀大学経済学部准教授
- 2017 年　滋賀大学データサイエンス学部准教授
  - 現在に至る
- 執筆担当　2.5 節，3.2〜3.3 節，4.2〜4.3 節，5.2〜5.4 節，第 6 章，第 7 章

梅津　高朗（うめづ　たかあき）
- 2002 年　大阪大学大学院基礎工学研究科情報ネットワーク学専攻
  - 博士後期課程中退
  - 同大学院情報科学研究科助手
- 2005 年　同研究科　博士（情報科学）
- 2013 年　滋賀大学経済学部准教授
- 2017 年　滋賀大学データサイエンス学部准教授
  - 現在に至る
- 執筆担当　2.6 節，3.4 節，第 8 章

高柳　昌芳（たかやなぎ　まさよし）
- 2009 年　名古屋大学大学院情報科学研究科博士課程（後期課程）修了
  - 博士（情報科学）
  - 名古屋大学大学院情報科学研究科博士研究員
- 2012 年　名古屋大学大学院工学研究科研究員
- 2013 年　名古屋大学大学院情報科学研究科特任助教
- 2017 年　滋賀大学データサイエンス教育研究センター助教
- 2019 年　滋賀大学データサイエンス教育研究センター准教授
  - 現在に至る
- 執筆担当　第 1 章，第 9 章

市川　治（いちかわ　おさむ）
- 1988 年　東京大学大学院工学系研究科航空学専攻修士課程修了（工学修士）
  - 日本アイ・ビー・エム株式会社入社
- 2008 年　奈良先端科学技術大学院大学情報科学研究科情報処理学専攻
  - 博士後期課程修了　博士（工学）
- 2018 年　滋賀大学データサイエンス学部教授
  - 現在に至る
- 執筆担当　2.1〜2.4 節，3.1 節，4.1 節，5.1 節

データサイエンス大系

データ構造とアルゴリズム

2018年11月10日　第1版　第1刷　発行
2021年4月10日　第1版　第2刷　発行

著　者　川井　明
　　　　梅津　高朗
　　　　高柳　昌芳
　　　　市川　治

発行者　発田　和子

発行所　株式会社　学術図書出版社

〒113-0033　東京都文京区本郷5丁目4の6
TEL 03-3811-0889　振替 00110-4-28454
印刷　三美印刷（株）

定価はカバーに表示してあります．

本書の一部または全部を無断で複写（コピー）・複製・転載することは，著作権法でみとめられた場合を除き，著作者および出版社の権利の侵害となります．あらかじめ，小社に許諾を求めて下さい．

Ⓒ 2018　A. KAWAI, T. UMEDU,
M. TAKAYANAGI, O. ICHIKAWA
Printed in Japan
ISBN978-4-7806-0703-1　C3004